O PODER da FAMÍLIA

CARO(A) LEITOR(A),
Queremos saber sua opinião sobre nossos livros.
Após a leitura, siga-nos no **linkedin.com/company/editora-gente**,
no TikTok **@EditoraGente** e no Instagram **@editoragente**
e visite-nos no site **www.editoragente.com.br**.
Cadastre-se e contribua com sugestões, críticas ou elogios.

JOÃO KEPLER & KAKÁ DINIZ
CRIS BRAGA | SIMONE MENDES

O PODER da FAMÍLIA

COMO FORTALECER A SUA FAMÍLIA E CONSTRUIR UMA VIDA COM VALORES, PROSPERIDADE E SUCESSO

Diretora
Rosely Boschini

Gerente Editorial Sênior
Rosângela de Araujo Pinheiro Barbosa

Editora Pleno
Audrya Oliveira

Assistente Editorial
Fernanda Costa

Produção Gráfica
Fábio Esteves

Preparação
Editora Gente

Adaptação de Capa, Projeto Gráfico e Diagramação
Gisele Baptista de Oliveira

Revisão
Fernanda Guerriero Antunes
Giulia Molina Frost

Impressão
Edições Loyola

Copyright © 2023 by João Kleper e Kaká Diniz
Todos os direitos desta edição são reservados à Editora Gente.
Rua Natingui, 379 – Vila Madalena
São Paulo, SP – CEP 05443-000
Telefone: (11) 3670-2500
Site: www.editoragente.com.br
E-mail: gente@editoragente.com.br

Todas as citações bíblicas foram padronizadas de acordo com a Bíblia Nova Versão Internacional (NVI).

Dados Internacionais de Catalogação na Publicação (CIP)
Angélica Ilacqua CRB-8/7057

Kepler, João
    O poder da família : como fortalecer a sua família e construir uma vida com valores, prosperidade e sucesso / João Kepler, Kaká Diniz. – São Paulo : Editora Gente, 2023.
    192 p.

ISBN 978-65-5544-334-9

1. Desenvolvimento pessoal 2. Família I. Título II. Diniz, Kaká

23-1098   CDD 158.1

Índice para catálogo sistemático:
1. Desenvolvimento pessoal

nota da publisher

Guiar uma família para o melhor caminho não é fácil, afinal, como saber se realmente estamos certos? Como saber se os filhos estão se desenvolvendo para serem pessoas com sucesso profissional e pessoal, se estão no caminho da felicidade, se estamos entregando os nossos valores para eles? O relacionamento familiar é uma grande incógnita da sociedade, todo o mundo debate acerca de como conquistar a felicidade e a prosperidade no lar, enquanto, diariamente, as pessoas sofrem por não saberem como construir a vida dos sonhos para aqueles que mais amam no mundo.

Quem é mãe ou pai sabe como é dolorido não se sentir conectado com os filhos, ter dificuldades no diálogo com o parceiro e não ter controle sobre como a família está se desenvolvendo. Em um lar, não deve haver espaço para o individualismo, o egoísmo, a mentira ou mesmo a falta de fé. Afinal, são os pilares que construímos dentro de nossos relacionamentos que vão espelhar quem seremos no mundo, e nesse caminhar podemos escolher assumir o protagonismo.

Quando João Kepler me contou sobre a ideia deste livro, senti a esperança de estar recebendo algo que definitivamente ajudaria as pessoas a revisarem seus relacionamentos familiares e entregaria a elas um modelo real e aplicável do que é verdadeiramente uma família que constrói unida um futuro brilhante. Ainda mais quando, neste livro, nos deparamos com os depoimentos de famílias tão maravilhosas como são as de João Kepler e Cris Braga, Kaká Diniz e Simone Mendes, Joel Jota e Lalas Cieslak, André Fernandes e Quezia Cádimo, e Pastor Cláudio Duarte e Mary Duarte.

Nesta obra, eles nos presentearam com uma generosidade e sinceridade sem tamanho e abriram as portas de seus lares para que possamos aprender como eles vencem os desafios diários do relacionamento familiar e como o poder da família é transformador em nossa vida, impulsionando-nos para experimentarmos a vida maravilhosa que Deus nos deu.

Espero que este livro traga ensinamentos valiosos e que você e sua família prosperem imensamente. Boa leitura!

ROSELY BOSCHINI
CEO E PUBLISHER DA EDITORA GENTE

Este livro é dedicado a homens e mulheres que estruturam a vida e as próprias ações em prol da família. Pessoas que já compreenderam que não existe outro caminho. E que qualquer propósito, para ser experimentado em sua plenitude, tem como fundamento e princípio o amor. Não existe na Terra representação máxima e mais profunda do que é o amor quando compartilhado e nutrido pelos seus. Amar é ação, é escolha diária, é dedicação genuína. E construir uma família é uma bênção que precisa ser compartilhada.

agradecimentos

Agradecemos a Deus por nos dar forças e condições para colocar este projeto de pé. Sabemos da importância de sermos vozes ativas no direcionamento de pessoas que buscam ser melhores, fortalecendo a si mesmas e a própria família. Diante disso, a responsabilidade é enorme e a gratidão também.

A todos que estão do nosso lado e que nos ajudam a fazer projetos como este acontecerem, nosso muito obrigado.

Nosso sentimento mais sincero e íntimo é que este livro desperte em você a vontade para mudar a sua vida de modo profundo e irreversível. Os melhores encontros têm esse poder.

Desejamos ainda que Deus, em Sua infinita bondade e misericórdia, continue a abençoar grandemente você e sua família. E que seus passos sejam sempre guiados rumo às grandes realizações e vitórias, em todos os aspectos da vida.

INTRODUÇÃO 13

1 O SUCESSO DOS FILHOS COMEÇA EM CASA! 19

2 MARATONA DE REVEZAMENTO 43

3 A FÉ PROSPERA NO DESCONFORTO 59

4 REVEJA SEU COMPORTAMENTO 85

5 NÃO FUJA DE CONVERSAS DIFÍCEIS 103

6 **A FAMÍLIA VEM NO PACOTE** 121

7 **APRENDA SOBRE O OUTRO** 141

8 **A LINGUAGEM DO AMOR** 161

9 **UMA GRANDE FAMÍLIA** 173

10 **PARA REFLETIR E ESTUDAR** 181

UM ÚLTIMO CONVITE 191

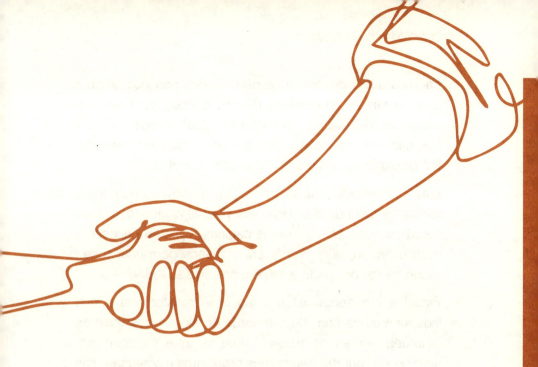

introdução

Todo ano deve ser considerado como o ano de priorizar a sua família!

E o primeiro passo você já deu, afinal, está com este livro em mãos. O projeto *O poder da família* tem como propósito e principal objetivo ajudar a transformar relacionamentos familiares de maneira fundamentada e orientada, conduzindo toda a sua família rumo a uma vida de princípios e prosperidade.

Se a sua família está desestruturada, se os membros desse grupo não conseguem sequer mais se comunicar e até mesmo se às vezes falta respeito nas relações, este livro é para você. Para que as coisas mudem e para que vocês alcancem a prosperidade e a felicidade almejadas, é preciso voltar alguns passos estruturais e entender a origem dos traumas e dos desconfortos que levaram pessoas de uma mesma família ao extremo de não conseguirem se relacionar ou não falarem "a mesma língua". A boa notícia é que não existe situação ruim que não possa ser revertida. E é isso que vamos mostrar a você nesta obra.

Estamos vivendo uma nova estação, um novo tempo, e sua família está sendo chamada para viver algo inédito, grande e sobrenatural. Nas próximas páginas, você terá acesso a esse universo, bem como terá a chance de mudar o seu modo de ver o mundo e as pessoas ao seu redor.

Para lhe apresentar essa visão que transformará a sua vida, contamos com depoimentos de alguns dos maiores empreendedores do Brasil – pessoas que se destacam no mercado porque vivem seus propósitos e acreditam nas mensagens que pregam. Nós, João e Kaká, trouxemos neste livro para você, leitor(a), entrevistas cedidas a nós por pessoas que, hoje, são exemplos de como uma família que é priorizada e que foca o sucesso de todos, a união, o amor e o caminho de Deus é capaz de prosperar e crescer rumo a uma vida extraordinária. Esse time conta com o casal de pastores André Fernandes e Quezia Cádimo, que têm falado com milhares de jovens mundo afora; os também pastores Cláudio Duarte e Mary Duarte, que juntos têm feito a diferença na vida dos brasileiros que os conhecem e acompanham; os ex-atletas Joel Jota e Lalas Cieslak, que mostram como conciliar o empreendedorismo e a criação de três filhos; Simone Mendes, cantora nacionalmente conhecida e esposa de Kaká Diniz; e a família Braga: Cris, Theo, Davi e Maria, esposa e filhos de João Kepler.

O que vamos mostrar a você nos próximos capítulos é que é possível, sim, construir famílias felizes, poderosas e bem-sucedidas. Mas, para que isso aconteça, o primeiro grande ponto a ser considerado é: a sua família precisa ser o seu maior investimento. Note que muitas pessoas atrelam

INTRODUÇÃO

investimento à aplicação de algum recurso, mas esquecem que dedicar tempo e direcionar esforços de modo consciente também é uma forma de investir. E, geralmente, quando isso acontece, se obtém os melhores resultados – como a fortificação de famílias estruturadas e unidas. Famílias que pensam juntas e compartilham suas crenças, visões de mundo, sonhos e projetos deveriam ser a maioria na sociedade, mas infelizmente sabemos que isso não acontece. E, muito provavelmente, essa falta de unidade passa justamente pelo investimento limitado que os integrantes oferecem aos vínculos familiares e afetivos. Quando você se dedica pouco ou nada para algo, não coloca seu coração, suas melhores intenções e prioridade naquilo, os resultados são proporcionais.

A partir desse entendimento, todo o processo de construção se torna mais claro e sólido. Acreditamos que assim, com o fortalecimento do núcleo familiar, você será capaz de encontrar a felicidade mesmo diante das diferenças (que são comuns em qualquer relacionamento).

Ao desbloquear seu potencial como pai ou mãe, torna-se possível também direcionar seus filhos para uma vida de sucesso, de maneira intencional e consciente. Quando um casal compreende os padrões das famílias prósperas e passa a aplicá-los na própria vida, o resultado é a reestruturação e o resgate de laços afetivos para viver uma vida de abundância.

A base para experimentar e viver o melhor que essa vida tem a oferecer é conectar-se com a espiritualidade para uma vida sobrenatural. Acreditamos que cada decisão impacta diretamente na construção do futuro e nos ciclos consequentes. Por isso a consciência, somada à entrega, gera resultados tão extraordinários.

As famílias fortalecem e direcionam seus novos ciclos e suas novas colheitas com base nos seguintes pilares:

relacionamento, prosperidade, força do casal, empreendedorismo, espiritualidade, filhos preparados para o mundo e inteligência emocional.

Portanto, este livro é destinado àqueles que querem criar laços sólidos e viver bem, mesmo em tempos de crise. É para quem deseja resgatar a admiração e a paixão no relacionamento amoroso. Para os filhos que querem construir negócios milionários do zero, com base em princípios bem definidos. Para os casais que desejam enriquecer juntos e transformar a realidade de toda a família. Para aqueles que querem descobrir o seu propósito e se conectar com a espiritualidade de modo intenso, real e único. Para todos que buscam educar os filhos para se tornarem sucessores, e não herdeiros.

De maneira empática, contemporânea e real, em cada capítulo você terá acesso a informações e exemplos valiosos. Nossa dica é que você se concentre ao máximo para absorver tudo de que precisa sobre cada família em todas as páginas. Cada um de nós tem uma mensagem importante e pontual para transmitir, seja sobre o relacionamento do casal ou com os filhos, seja sobre o relacionamento da família como um todo.

Os desafios do dia a dia são muitos e apenas aqueles que decidem lutar por seus sonhos e por suas famílias conseguem usufruir de uma vida completa, feliz e realizada; que gera novos frutos e deixa legados admiráveis.

É importante ressaltar que, para nós, o sucesso não aconteceu naturalmente como muitos pensam. Somos pessoas que precisaram errar e acertar para construir seu repertório. Como você e todo mundo, vivemos momentos de incertezas, dúvidas e medo. O que nos trouxe até aqui foi o que fizemos para superar tudo isso, esse é o elo entre nós. Foram as nossas escolhas e a consciência do que queremos viver nesta Terra que possibilitaram o nosso encontro e parceria.

INTRODUÇÃO

A partir de agora, você vai entender o que as famílias de sucesso têm em comum e avançar rumo à realização dos seus objetivos mais íntimos. Tudo o que está dentro do seu coração, que transborda em sua mente e boca, pode ser realizado.

Desejamos uma boa leitura. Que a sua jornada seja repleta de felicidades e vitórias!

JOÃO E KAKÁ

" **Uma pessoa realizada em sua plenitude ajuda os outros a prosperarem. E se torna ainda mais feliz por saber que fez a diferença em outras vidas. Quanto mais próspero e bem-sucedido alguém for, maiores as chances de alcançar mais pessoas que passam a se inspirar e a também se transformarem em canais de mensagens poderosas que mudam vidas."**

capítulo 1
O SUCESSO DOS FILHOS COMEÇA EM CASA!

por João Kepler

> Quando Jesus realizou seu primeiro milagre (narrado em João 2:1-11),[1] Ele estava juntamente de sua família em um casamento. Aconteceu que acabou o vinho no meio da festa. Quando Maria, a mãe de Jesus, percebeu tal situação, mandou que falassem com Jesus, pois ele saberia o que fazer.
>
> A mãe de Jesus foi seu apoio e incentivo para começar ali, naquele casamento, o ministério de milagres do filho de Deus. Dessa maneira, podemos entender que o primeiro e principal apoio sempre será de dentro de nossa casa. Nossas famílias são a base e sempre estarão como alicerces que nos impulsionam a viver nossos propósitos e ministérios.

[1] LEMOS, V. 5 passagens bíblicas sobre a família. **Biblioteca do pregador**. 11 jul. 2022. Disponível em: https://bibliotecadopregador.com.br/5-passagens-biblicas-sobre-a-familia/. Acesso em: 21 set. 2023.

Vamos conversar um pouco? Vou contar para você como identifiquei a importância de transformar a minha família. Como muitos sabem, essa é uma vontade que vem de muitas gerações atrás, dos nossos pais, avós, tataravós... É como uma história que se repete – e, muitas vezes, repetimos um padrão baseado naquilo que está gravado em nossa consciência. É a consciência que nos liberta, que aponta por onde devemos seguir e como, e é aí que nosso inconsciente presente age. Às vezes não se sabe nem por que aquilo foi feito. No meu caso, percebi esse padrão com o meu pai

Ele nos deixou em 2022, e era um paraibano muito rígido. Me disse cedo: "Cara, eu não vou te dar as coisas. Você tem que buscar aquilo que você quer". Ele me dizia isso todas as vezes que eu ia pedir algo para ele. Quando comecei a analisar esse comportamento, me dei conta de que o pai dele também fazia isso com ele. E o avô do pai também agia do mesmo modo com o filho. Consegue perceber um ciclo se formando?

A história da família do meu pai tem muita luta e muito trabalho envolvido. Ele sempre teve consciência de que, se não buscasse um entendimento sobre sua realidade, se não buscasse o próprio sustento, ninguém faria isso por ele. Não tinha nada fácil naquela época, era preciso batalhar muito, até mesmo para quem já tinha melhor condição financeira. Hoje, em uma situação oposta, com muito mais recursos, nos deparamos cada vez mais com filhos que não sabem o suor por trás do conforto em que vivem.

E foi dessa maneira, ríspida e pouco explicativa, que meu pai me tratou e educou toda a vida. E eu, no meu papel de filho, passei mais ou menos quinze anos magoado com ele. Quinze anos! Ele me tratar dessa forma era dolorido, porque meus amigos tinham tudo e eu não tinha nada. Meus amigos tinham roupas bonitas, tênis novos, acessórios que seguiam a moda da época. E eu ficava para trás em todos esses quesitos. Mas o ponto é que meu pai não fazia isso por não ter dinheiro e eu ser um filho ingrato. Ele tinha condições de me dar tudo aquilo e eu sabia disso, mas ele se negava a me dar as coisas de "mão beijada". Porém, como era de se esperar, eu não entendia o motivo de suas ações.

Ele sempre dizia: "Você quer isso daí? Vai comprar. Se vira". E ele poderia ter me explicado na época o que o motivava a agir dessa forma, mas o grande problema que vejo hoje é que o meu pai falava de um jeito não educativo. Isso me magoava, me deixava em uma situação muito difícil diante de todos ao meu redor. Eu tinha condições, mas não vivia da mesma maneira que meus amigos. Na época, eu tinha também uma namorada a qual queria impressionar, mas meu pai não colaborava. Então, imagine

> É a consciência que nos liberta, que aponta por onde devemos seguir e como, e é aí que nosso inconsciente presente age.

como um jovem ainda sem maturidade poderia lidar com todas aquelas recusas e emoções? Fugindo daquela realidade de alguma maneira. Assim, resolvi ir embora para os Estados Unidos para estudar e seguir com a minha vida.

Meu pai foi contra, mas um dos meus irmãos me ajudou. Minha mãe também me ajudava como podia, mesmo eu não falando muito com meu pai. A verdade é que nós não conversávamos de maneira amigável: sempre tinha alguma trava. E a trava era exatamente a maneira que ele achava que eu tinha que me virar.

Quando eu tive o Theo, meu primeiro filho, fui a Belém do Pará levá-lo para que minha família pudesse conhecê-lo. Meu pai foi buscar eu e minha família no aeroporto e me pediu que deixasse a Cris, minha esposa, e o Theo em casa. Depois, saímos nós dois de carro.

Ele me levou até um prédio e disse: "Sabe o que era esse prédio aí na sua época? Uma construtora. E sabe o que é agora? Uma repartição pública. O que aconteceu com a gestora? Quebrou". Até aquele momento, eu não estava entendendo muito bem a mensagem por trás daquilo. Então, fomos para a segunda parada e ele continuou: "Lembra quem morava aqui nesse prédio?". Eu falei: "Fulano. E agora, o que é que ele faz? Você sabe como está a vida dele?".

Nessa ocasião, meu pai me levou a três lugares. No terceiro, me fez basicamente as mesmas perguntas e, por fim, complementou: "E você está onde? Onde seus amigos estavam na adolescência e onde estão agora? Como estão agora?".

Naquele momento, entendi o que ele estava tentando me mostrar. Os meninos da época, os mais famosos, os que tinham tudo de "mão beijada", não precisavam lidar com os problemas porque seus pais superprotetores resolviam, os que os pais davam dinheiro, carro, roupa bonita e tudo aquilo que pediam... Eles estavam onde? Com todo respeito, não estou aqui para apontar erros ou dizer como cada um deve viver. Mas a mensagem do meu pai ali, mais clara do que nunca, era me mostrar que a vida é assim: feita de ciclos e que as coisas mudam quando nós mudamos e temos consciência disso.

Nunca vou me esquecer do que ele disse ainda dentro do carro: "Você está onde está porque construiu sozinho. Suas escolhas o levaram até lá, não o seu pai". Naquela hora, todas aquelas travas desapareceram instantaneamente. Na minha cabeça, meu pai saiu do papel de carrasco e assumiu, finalmente, a posição de herói.

Barreiras rompidas

A conversa com o meu pai me fez entender duas coisas muito importantes: primeiro, que eu havia passado quinze anos alimentando um ódio sem fundamento e, segundo, que meu pai não soube se comunicar comigo. Se ele tivesse passado a mensagem de modo diferente, eu não teria ficado magoado. Talvez eu tivesse me portado de outro jeito, e talvez esse entendimento poderia ter encurtado meu caminho de alguma maneira. Não há como saber.

Depois dessa revelação que rompeu minhas barreiras internas (mas que pertenciam a nós dois), comecei a fazer muitos negócios. Passei a ganhar dinheiro com outras coisas e trabalhei para encontrar e dar um rumo à vida. Não demorei a descobrir que a vida é uma montanha-russa, cheia de altos e baixos, mas que em qualquer fase são as decisões e a consciência que ditam os rumos. Já mais maduro e experiente, eu decidi transformar a minha família também em um negócio.

O PODER DA FAMÍLIA

Isso porque me dei conta de que cuidamos dos negócios, focamos a gestão, enfrentamos desafios de maneira comprometida e, como prioridade, com frequência fazemos planejamentos, projeções, adaptações. Mas e em casa? A pergunta então passa a ser: por que não fazer tudo isso em casa? Por que não fazer tudo isso dentro da família e se dedicar a ela com o mesmo afinco de quando construímos uma empresa?

No meu caso, uma coisa era certa: eu queria fazer a mesma coisa que meu pai fez comigo, que o meu avô fez com ele, mas de uma maneira diferente. E foi então que eu entendi que o meu melhor negócio da vida é a minha família. Assim, compreendi que eu só seria alguém de verdade, bem-sucedido e realizado se colocasse a minha família em primeiro lugar.

Isso parece clichê, parece óbvio. Mas quem conhece nossa família de perto, quem convive conosco, sabe que isso é uma realidade lá em casa. Todos nós fazemos negócios, todos nós temos os próprios empreendimentos, mas todos nós desenvolvemos esses projetos em família e, principalmente, para a nossa família.

Não existe uma receita de bolo para a educação dos filhos. Se você está aqui atrás de uma fórmula mágica, atrás de um atalho para encurtar o caminho ou facilitá-lo de alguma maneira, não vai encontrar. Aqui, você não vai encontrar nada que mude a sua vida em um passe de mágica. Quem vende isso está mentindo. Aqui, você vai se inspirar.

A única receita de bolo que existe é para a construção de uma família próspera. E ela começa e passa pelos exemplos, sejam ruins ou bons. Passa pela troca de experiências, pelos relatos sinceros e pelo aprendizado. É isso que estou disposto a abordar aqui.

NA PRÁTICA

O primeiro passo para curar a sua família pode partir de você!

Como? Quebrando padrões hereditários. Como você viu até aqui, existem padrões comportamentais que podem ser físicos, estar relacionados aos sentimentos, valores, crenças, e até mesmo questões mentais e espirituais. O mais importante é perceber que todo esse pacote é o conjunto de características que são transmitidas de geração para geração.

Então, de modo consciente, chegou a hora de quebrar ou instituir outros padrões, e para isso, propomos a você o primeiro exercício prático do livro.

Liste aqui quais seriam os comportamentos e/ou situações destrutivas que você percebe na sua casa hoje (falta de diálogo, repressão, inveja, vícios, suicídios, doenças mentais, doenças graves, entre outros).

_____
_____
_____
_____

Agora, o que poderia ser feito – de maneira consciente – para mudar a realidade que você listou acima e quebrar esses ciclos?

_____
_____
_____

O PODER DA FAMÍLIA

Ensine aos seus filhos como se virar

Desde quando comecei a escrever sobre família e negócios, isso com meu livro *Educando filhos para empreender*,[2] ouço as pessoas. Presto atenção no que vocês têm para me dizer e procuro me inspirar também nas experiências de quem está ao redor. Antes de escrever a obra *Se vira, moleque!*,[3] recebi mais de cem cartas de pais, mães, tios e avós com mensagens do tipo: "Meu filho fez isso comigo, o que você faria? O que eu faço com relação a isso? Meu filho está agressivo, recebi um tapa na cara. Meu filho quer brigar comigo. Meu filho não quer ir à escola. Meu filho não come verdura".

Em um primeiro momento, me assustei com os relatos. Não sou um profissional da área, mas sou um pai. E foi nessa posição de pai que me peguei pensando: *e se fosse comigo, o que eu faria?* O livro *Se vira, moleque!* é exatamente sobre este processo: o retrato dessas perguntas que resolvi responder abertamente para todo mundo.

Sei que algumas pessoas olham para a minha família e dizem: "Aí não tem amor, só negócio!". Mas a verdade é que ensinar a um filho como se virar é um ato de amor. Ninguém bate mais forte do que a vida. Uma hora, ela vai encontrar seu filho, e ele vai derrapar. Muitas vezes você não estará lá para levantá-lo. Então, que tal começar a

---

[2] KEPLER, J. **Educando filhos para empreender**: como preparar filhos para o mundo ao invés de querer mudar o mundo para eles. São Paulo: Literare Books, 2012.

[3] KEPLER, J. **Se vira, moleque!**: prepare seu filho para construir uma vida com protagonismo, autorresponsabilidade, atitude empreendedora, realização pessoal e prosperidade. São Paulo: Gente, 2020.

educar seus filhos com muito amor para eles se prepararem para o que vão enfrentar?

Esse tipo de educação só se torna possível quando você mostra para eles como a vida realmente é desafiadora, inconstante e, às vezes, cruel. Pare de tentar mudar tudo para que eles tenham uma vida mais tranquila. O fato é que você não pode evitar que eles tomem algumas rasteiras, mas pode e deve ensiná-los desde cedo a se defender, se levantar, se recompor para continuar lutando, dia após dia.

> **Sabe aquela ligação que você poderia fazer para resolver um problema do seu filho? Não faça. Se chegou a esse ponto, é porque em algum momento seu filho deixou de fazer algo que cabia a ele, e não a você. Resolver as coisas usando sua influência e/ou até mesmo dinheiro é um caminho perigoso e sem volta."**

Qual exemplo você quer deixar para os seus filhos? Que é você quem resolve tudo? Que você é dono do mundo? Que o seu dinheiro fala mais alto do que as regras, o caráter? Não podemos reforçar esse padrão, por mais que você queira ajudar a resolver o problema. Eu sei que é difícil, que dói. Doeu muito em mim todas as vezes que eu tive que dizer "não" aos meus filhos, mas eu sempre soube por que estava tomando cada decisão.

Vou compartilhar com você um exemplo pessoal. O Davi, meu segundo filho, decidiu participar do programa

O PODER DA FAMÍLIA

Shark Tank Brasil. Foi em busca de investimento para a empresa dele, pois eu lhe havia negado.

Na época, Davi também tentou reunir capital com alguns amigos investidores, além do programa. Eu liguei para todos e pedi que eles não investissem no negócio do meu próprio filho. E sabe por que agi assim? Seria fácil demais para ele conseguir investimento por intermédio dos meus contatos ou da minha influência como investidor no mercado. E se isso acontecesse dessa maneira, como ele iria valorizar uma resposta positiva obtida com o próprio esforço? Além disso, com as negativas e a decepção momentânea, eu não tinha a menor dúvida de que Davi precisava passar por aquilo para saber o quão difícil é abrir um negócio – e que, talvez, por ser meu filho, seria mais difícil ainda. Empreender por si só não é uma tarefa fácil; e eles, meus filhos, sempre serão cobrados porque o pai deles alcançou resultados.

Um tempo depois, Davi resolveu ir para os Estados Unidos, mas em uma situação diferente da minha. Ele foi com meu apoio (mas continuei não dando as coisas para ele). Foi estudar em escola pública para ter acesso a outras realidades e valorizar o que tinha. Três meses depois, ele era o líder da turma, montou uma empresa no local e saiu na capa do jornal da escola – tudo sozinho, mérito todo dele. Aí, sim, eu o parabenizei de maneira sincera e orgulhosa.

É preciso colocar o filho à prova o tempo todo? Não. O que você tem que fazer é: **desafiar** o seu filho o tempo todo. Não pode ficar dando tapinha nas costas, dizer que está tudo bem sempre. Não dá para fazer isso, principalmente quando se tem uma condição financeira muito boa. Quando você tem acesso a tudo com muita facilidade, não aprende a se virar. Nesse contexto, ele não vai se virar porque "está tudo bem". Porque todas as condições são favoráveis para que ele não se vire.

> A verdade é que ensinar a um filho como se virar é um ato de amor. Ninguém bate mais forte do que a vida. Uma hora, ela vai encontrar seu filho, e ele vai derrapar.

O PODER DA FAMÍLIA

Protagonista da própria vida

Minha esposa e eu decidimos que queríamos preparar nossos filhos para o mundo, em vez de querer mudar o mundo para eles. É impossível estar o tempo todo lá, protegendo a molecada. A criança superprotegida se transforma em um adulto dependente em todos os aspectos.

Sabe aquele adulto que, quando o carro quebra, pensa primeiro em ligar para o pai e não em acionar a seguradora e resolver o problema? Ou quando perde o emprego e/ou descobre que na vida não existem garantias, entra em desespero, não tem maturidade emocional para enfrentar os desafios e as adversidades mesmo sendo uma pessoa adulta? Que não sabe se relacionar com as pessoas e que tenta impor suas vontades de maneira egoísta e prepotente? Que faz uma dívida sabendo que não terá condições de pagar, mas sabe que os pais irão arcar com esse ônus? Que usa o nome dos pais ou da família em benefício próprio para obter vantagens ou conseguir o que deseja sem esforço? E por aí vai. Infelizmente, os exemplos são muitos. Convivo com milhares de empreendedores e aprendi a perceber facilmente quando um é mimado. Pessoas assim se tornam empreendedores que se encaixam basicamente nos exemplos que dei acima em relação à postura diante da vida, dos problemas e das pessoas que os cercam. A postura de quem cresce superprotegido, com acesso a tudo, é nitidamente diferente da daqueles que aprenderam a enxergar a vida pela lente real, ou seja, sem atalhos, mas com convicções e com garra.

Nós, pais, devemos permitir que nossos filhos se tornem protagonistas da própria vida.

O SUCESSO DOS FILHOS COMEÇA EM CASA!

Escuto de muitas pessoas: "Quero que meu filho seja médico ou engenheiro" ou "Quero que seja funcionário público ou juiz". E tudo bem, não tem nada errado nisso. O problema é quando os pais não querem que o filho *seja*, quando não querem que ele se transforme em um protagonista e faça a diferença.

Não importa o que faça da vida, você tem que ser um líder, deve ser protagonista. E precisamos incentivar os nossos filhos e netos a serem líderes, independentemente de qual caminho eles escolham.

Sabe quando você pergunta para uma turma de crianças o que elas querem ser quando crescerem? Provavelmente vai ouvir respostas como jogador de futebol, artista, influencer, assim por diante. O ponto aqui é que eles realmente podem ser o que quiserem, mas a mentalidade precisa mudar desde a infância.

Quando você adota o empreendedorismo como estilo de vida, e não necessariamente o fato de ter um negócio, sua visão passa a ser mais ampla porque tanto os problemas quanto as oportunidades são encaradas como aprendizados e desafios que motivam e impulsionam. E é aí, com essa mudança de mentalidade, que os hábitos e ações são formados. O passo seguinte? Se tornar o protagonista da própria vida. Ser empreendedor é se dedicar para ser resiliente, atento, analítico, proativo e fiel às suas escolhas e convicções. Em vez de ser jogador de futebol, por que não se tornar o dono do time? Em vez de atuar ou ser atriz, por que não investir em abrir uma companhia de teatro e dança? Quer ser médico, ótimo. Mas por que, então, não começar a considerar desde a faculdade a ideia de montar uma clínica em vez de trabalhar para alguém? Isso é protagonismo.

Algumas das reclamações que mais escuto são "meu filho não sai do videogame", "meu filho não quer nada", "não quer estudar" ou "ele não está interessado em trabalhar".

Aí eu pergunto para o pai: o que tem para ele fazer quando não está jogando? Tem algo melhor para ele fazer na vida real, algo com o que se sinta feliz? Afinal, o mundo do videogame, ou qualquer outro, oferece prazeres e recompensas.

E como os pais podem reverter ou mudar isso? Reclamar e brigar não é o melhor caminho. O primeiro passo é se colocar no lugar do seu filho, entender sobre aquela tribo e situação, para, então, tentar resgatá-lo. Você pode fazer isso, por exemplo, descobrindo de qual jogo ele mais gosta ou qual passa o dia jogando. Aprenda a jogá-lo também. Mesmo que não tenha gosto por isso no começo, pense: *qual é a sua prioridade?*

Aprenda, se torne bom, passe um tempo treinando sem que seu filho saiba de nada. Peça ajuda a outras pessoas ou contrate alguém para ensinar a você. Aí, um dia, sente-se ao lado dele e joguem juntos. Converse usando a linguagem dele, não a sua. Troque informações, experiências, se aproxime. Você verá o que vai acontecer. Entrar no mundo deles é o primeiro passo para resgatar ou mudar uma realidade.

Sobre a pergunta "o que você quer ser quando crescer?", na verdade, não tem que haver um "quando" na questão. A pergunta correta a ser feita aos nossos filhos é: "O que você quer ser agora?". Em cada momento, em cada fase da vida, é preciso trabalhar o agora. Então, o que o seu filho gosta de fazer hoje?

Equilíbrio e respeito

É claro que aqui estou apresentando os temas de modo bem objetivo. Para chegar a tudo isso que estou lhe contando, minha esposa e eu tivemos inúmeras conversas, reflexões e nem sempre concordamos em tudo. Nesses casos, entram em cena duas palavras fundamentais em qualquer relacionamento: equilíbrio e respeito.

Sem essa base, é impossível manter um casamento saudável e duradouro. Já no mundo empreendedor, no mundo dos negócios, se dá bem quem está insatisfeito e incomodado. Nenhuma solução é realmente útil se não resolver um problema específico.

Lembra-se de quando comentei sobre o perfil dos empreendedores mimados? O jovem superprotegido se torna acomodado, ele vai aceitar tudo porque já se acostumou a não pensar. Ao agir assim, você está gravando algo na mente do seu filho: que ele não precisa buscar o próprio destino. Dessa maneira, ele não buscará ser protagonista porque não se sentirá incomodado, não precisará de mais nada. Por outro lado, se você é um pai ou uma mãe que provoca e faz as perguntas certas, vai ajudá-lo a achar o inconformismo.

Deixe-o criar, ter vontade, provoque-o no bom sentido, converse sobre problemas – porque os pais muitas vezes não falam sobre isso. Quantos pais quebram e a família sequer desconfia da falência antes de acontecer o pior? Relacionamentos reais se dão com base em conversas sinceras, em compartilhar alegrias e tristezas. Esconder coisas não é proteger; é falta de segurança e de liberdade. É com equilíbrio e respeito que, mesmo em momentos de turbulência, todos se ajudam, buscando os melhores caminhos juntos.

Quando vivi fases ruins, reuni todos os meus filhos e minha esposa e conversamos sobre o que estava acontecendo. Em nenhum momento apontei culpados. Eu lhes dizia: "Seu pai errou, eu fiz isso. Isso é errado. Então, nós vamos corrigir assim". Nunca falei: "Aquele cara me enganou", "Aquela empresa não me pagou o que devia". Se eu havia errado, a minha família saberia.

O PODER DA FAMÍLIA

Na minha casa, além da busca constante pelo equilíbrio e pelo respeito, usamos uma lógica há muito tempo: questionamos se queremos ser felizes ou ter razão. Eu prefiro ser feliz, mas às vezes não dá. Não é que você queira ter razão. É que é preciso conversar sobre todos os assuntos, principalmente os polêmicos. Pais devem ter em mente que o mundo mudou e as relações precisam acompanhar essa transformação. Não pensar assim é um tremendo erro que pode custar muito caro.

Um assunto polêmico, por exemplo: mesada. Não gosto da prática. Para mim, mesada dá a sensação do fixo garantido, tipo um salário, por isso nunca dei aos meus filhos. Quando você começa a entender que não existem garantias, que mesmo em um trabalho convencional com carteira assinada você pode ser desligado a qualquer momento, essa vertente perde força. Experimente tirar o salário de alguém assalariado para ver o que acontece. Com crianças que recebem mesada não seria muito diferente. Ninguém gosta de perder algo que já está garantido.

Em casa, como eles empreenderam desde novos, eu apenas dei o suficiente para a escola e a mãe os ajudava com roupas e outras coisas eventuais. Eles aprenderam a se virar, cada um na sua área.

Na história do Davi que compartilhei, não investi na primeira empresa dele, mas lhe emprestei 5 mil reais para contratar um programador. Com o primeiro faturamento da empresa, cobrei meu dinheiro de volta. Me arrependo de ter cobrado juros dele, mas foi uma boa lição para nós dois.

Quando Theo tinha 15 anos, sugeri a ele assumir um portal que eu tinha, um site de venda de ingressos. Ele recusou e me disse que ia montar um concorrente, mas um negócio dele, com a cara e as escolhas dele. Eu entendi e respeitei suas decisões.

> **Nós, pais, devemos permitir que nossos filhos se tornem protagonistas da própria vida.**

Isso é respeito. Isso é ter equilíbrio.

Por outro lado, há filhos que não honram nem respeitam o que os pais podem proporcionar. Isso é um problema, pois, nesses casos, o único jeito de ter autoridade sobre o filho é usando o dinheiro. E lá em casa eu não tenho essa autoridade. Faz anos que eu não sei o que é isso.

Quando meus filhos eram mais novos, adotei uma política em casa. Durante mais ou menos dez anos, a família viajava junta em julho. Em janeiro, eles planejavam a viagem, o orçamento dela, e 10% de tudo o que cada um ganhava em qualquer atividade ia para um pote. Em uma dessas viagens, eles escolheram a classe do avião, o hotel, tudo... O dinheiro não deu para cobrir todas as despesas e, na hora de pagar, pediram ao pai que completasse o que faltava. Falei para eles cortarem algumas coisas, escolherem classe econômica, por exemplo. Na viagem eu não coloquei dinheiro. Ou iríamos todos juntos (não eu na executiva e eles na econômica, por exemplo) ou não teria viagem. Como já disse antes, é questão de exemplo.

Formando líderes, não herdeiros

No mundo dos investimentos, há uma regra clara: além de pensar no longo prazo, precisamos de algumas recompensas imediatas. Caso contrário, o investimento de longo prazo não funciona, porque investir não é comprar. Então, se você programar a mente do seu filho para que ele invista a longo prazo, daqui a dez anos ele será um investidor poderoso. Entretanto, para isso, é preciso que tenham algumas recompensas pelo caminho para ele sentir o prazer de estar investindo.

O SUCESSO DOS FILHOS COMEÇA EM CASA!

E qual seria uma boa recompensa? Herança entraria nesse caso? Aliás, já pensou no que vai acontecer com as suas riquezas financeiras quando morrer? Vai gastá-las toda em vida? Eu vou. Meus filhos até herdarão startups, mas eu preciso ter as minhas recompensas, curtir a vida com a minha esposa, por exemplo. Eles já estão todos crescidos, já são protagonistas e vão ter que desenvolver o próprio destino. Quer herança melhor do que essa? Agora eles têm que pensar no futuro, nos filhos e na família de cada um.

É importante que você construa um ambiente financeiro familiar, não só de patrimônio, mas de cooperação, em que todos participem da estrutura familiar, o que cria uma espécie de modelo difundido, enraizado em todos individualmente, mas que fortalece a família, o grupo. Eu lhes dou o que tenho de mais valioso: o meu conhecimento, a minha sabedoria. Se eles souberem usar isso, tenho certeza de que vão ganhar muito mais dinheiro do que eu poderia dar.

"João, qual é a lógica disso? Formar líderes, e não herdeiros?" Bom, eu quero que todos eles sejam líderes que formam outros líderes, que gerem impacto na vida das pessoas. Que sejam abundantes na vida dos outros, que ajudem, que sirvam.

No fundo, tudo se resume a isto: servir com excelência. Antes de pensar em ganhar dinheiro, penso em como posso servir às pessoas. Seja compartilhando minhas experiências ou informações e dados que chegam até mim – e, principalmente, emanando muito amor.

É possível mudar a sua família e a sua relação com os seus. Continue a leitura e reveja pensamentos, posturas e decisões. Ainda é tempo de mudar e viver o melhor que essa vida tem a oferecer.

O PODER DA FAMÍLIA

O que é poder familiar?

Poder familiar é um conceito previsto no artigo 1.634 do Código Civil Brasileiro de 2002. Os principais pontos desse texto legal são:

> Compete a ambos os pais, qualquer que seja a sua situação conjugal, o pleno exercício do poder familiar, que consiste em, quanto aos filhos:
>
> I – dirigir-lhes a criação e a educação;
>
> II – exercer a guarda unilateral ou compartilhada nos termos do art. 1.584;
>
> III – conceder-lhes ou negar-lhes consentimento para casarem;
>
> IV – conceder-lhes ou negar-lhes consentimento para viajarem ao exterior;
>
> V – conceder-lhes ou negar-lhes consentimento para mudarem sua residência permanente para outro Município;
>
> VI – nomear-lhes tutor por testamento ou documento autêntico, se o outro dos pais não lhe sobreviver, ou o sobrevivo não puder exercer o poder familiar;
>
> VII – representá-los judicial e extrajudicialmente até os 16 (dezesseis) anos, nos atos da vida civil, e assisti-los, após essa idade, nos atos em que forem partes, suprindo-lhes o consentimento;
>
> VIII – reclamá-los de quem ilegalmente os detenha;
>
> IX – exigir que lhes prestem obediência, respeito e os serviços próprios de sua idade e condição.[4]

---

[4] PODER familiar: O que é e como funciona? **Galvão & Silva Advocacia**, 25 abr. 2022. Disponível em: https://www.galvaoesilva.com/poder-familiar/. Acesso em: 14 fev. 2023.

O SUCESSO DOS FILHOS COMEÇA EM CASA!

Traduzindo parte do "juridiquês" do texto legal: poder familiar é, simultaneamente, um direito e um dever. É um direito no sentido de ser uma capacidade a ser exercida em nome dos filhos, mas é um dever no sentido de não ser opcional. O texto determina que todos esses exercícios, concessões, direções e representações são uma competência dos pais, e não uma opção. Os pais possuem a responsabilidade e a autoridade legal de tomar decisões sobre ações da vida pública dos filhos menores de idade.

Interessante notar a inovação que o Código Civil de 2002 trouxe em relação ao texto legal anterior, que, em vez de "poder familiar", tratava de "pátrio poder". Esse conceito, já em desuso, previa o exercício do poder como uma função reservada ao pai, cabendo à mãe apenas um caráter auxiliar. Hoje em dia, há uma equiparação dos pais não apenas ao não diferenciar o gênero, mas ao já prever a manutenção integral do poder familiar a ambos nos diferentes cenários da vida conjugal.

Ainda sobre o tema, no mundo doutrinário fala-se sobre o uso da expressão "autoridade familiar", uma vez que expressa melhor a posição dos pais, em vez de um exercício de poder e controle que pode gerar confusão. A expressão é adotada em algumas legislações europeias, mas não substitui o termo utilizado no Brasil em qualquer peça legislativa.

capítulo 2

MARATONA DE REVE-ZAMENTO

por família Kepler

Em 2 Reis 4:1-7,[5] a viúva do discípulo de Eliseu buscou soluções em Deus para lutar por seus filhos. Quando o credor falou em levar os filhos no lugar da dívida do marido, a mulher não deixou de lutar por sua família e procurou ajuda do servo do Senhor. Essa história nos mostra que devemos nos manter unidos e lutar pela nossa família. Além disso, ainda nos revela que Deus protege a família quando buscamos abrigo Nele. Pois nossa família é um projeto que nasceu em Seu coração.

---

[5] LEMOS, V. *op. cit.*

Sobre família, amor e dedicação

Família é uma decisão diária, não é fácil. Estamos juntos por amor, desejo de construir, de dar bons exemplos. É criar também as próprias regras do lar, como horário para dormir quando eram novos, ver televisão ou usar o celular.

Quando eu e Cris decidimos deixar os nossos filhos livres para fazerem o que quisessem, a liberdade de escolha se transformou em responsabilidade, inclusive social. No fundo, só desejamos como pais que eles sejam felizes com suas escolhas. É claro que temos consciência de quão especiais eles são. Mesmo com essa criação, eles poderiam não "ter dado certo".

E por mais que o modelo de educação tenha sido o mesmo, são três pessoas completamente diferentes. O Davi é comunicativo. O Theo tem o perfil de empresário, mais caladão, mais sério. Já a Maria tem seu jeitinho todo particular, muito espiritualizada. Eu sou mais racional, e a Cris é um alicerce. O que quero dizer é que entendemos que precisaríamos nos adaptar para criar uma unidade.

Tem a ver com amor. Vivo cada dia ao lado deles com muita dedicação, entrega e amor. Todos nós viemos ao mundo com uma missão e, até encontrá-la, passamos por várias etapas na vida. Então eu acho que não cabe a outra pessoa dizer o que dá certo e o que não dá. Você tem que deixá-la ser livre para encontrar o próprio caminho. Esse é o único modo pelo qual ela vai realmente abraçar o protagonismo e ser feliz.

Somos complementares em nossas imperfeições e dedicação. Não dá para ter pressa na educação dos filhos. Não é uma corrida de 100 metros, é uma maratona cheia de obstáculos. Mas você não a corre sozinho: é um revezamento. Sua família vai com você. E é por isso que faço questão de dar voz a ela neste capítulo. Somos um time de corredores.

A seguir, você poderá ler uma mensagem especial de cada um deles. Anote as dicas e se prepare para a corrida da vida.

Agora, passo o bastão para a Cris, minha esposa!

Seja quem você nasceu para ser

Sinto total empatia por você, que está com este livro em mãos, e entendo que está em busca de um refrigério para a sua alma. Como o João já adiantou, não existe solução mágica quando o assunto é família e o fortalecimento dela. Mas é possível trabalhar a mente e suas convicções para que ansiedades, medos e traumas sejam superados.

Na minha vida e família, eu deixo entrar pessoas que têm algo para me ensinar. Não sou alguém com milhões de seguidores ou PhD em Harvard, mas, quando se trata de grandes feitos na sociedade, eu possuo algo primordial: tenho certeza do amor de Deus por mim.

E é aí que as coisas ficam fáceis, porque, no dia em que eu descobri esse amor, que eu sou filha amada, que fui sonhada e criada para ser exatamente como sou, exatamente com essa cor de cabelo, com esse tipo físico, casar-me com o João e ser mãe de três fez total sentido na minha existência.

Quando descobri isso, minha vida ganhou um novo propósito. Aprendi a não me comparar com ninguém. Com nenhuma outra mãe, mulher ou profissional. Percebi que eu tinha que desenhar os meus caminhos, fazer as escolhas mais importantes da porta para dentro, não ao contrário.

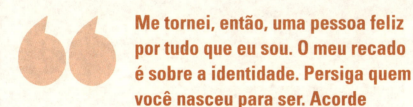

Me tornei, então, uma pessoa feliz por tudo que eu sou. O meu recado é sobre a identidade. Persiga quem você nasceu para ser. Acorde de manhã e passe o dia buscando o seu propósito. O seu não é o do outro, não é o do marido, não é o dos filhos. É preciso fortalecer a sua imagem e ser fiel a ela para que você não se perca no meio do caminho."

> Não dá para ter pressa na educação dos filhos. Não é uma corrida de 100 metros, é uma maratona cheia de obstáculos. Mas você não a corre sozinho: é um revezamento. Sua família vai com você.

E essa identidade não tem a ver com a sua casa incrível, em ser a mais bonita da festa, a mais elegante, a que tem as joias mais caras, a mulher que sempre está disponível, a que prepara as melhores comidas ou a que está sempre linda. Se você não fortalece seu espírito, se não tem certeza das suas escolhas, uma hora esse castelo de areia desmorona.

Por esse motivo tantos casamentos e relacionamentos no geral são frustrados: porque o casal deixa de preservar suas identidades e as próprias vocações. Ser você é buscar o equilíbrio constante, seu e do lar, respeitando sua autenticidade.

Para encontrar a tão almejada felicidade, você, antes de tudo, precisa entender quem é. Esse processo é seu, mas com a companhia de Deus. Nada de marido, filhos ou amigas dando palpites. Quando isso acontecer, você vai conseguir ser livre. Quando seu interior está muito bem resolvido, nada do que é externo pode afetar você. Quando está tudo alinhado – o que você pensa, faz e fala –, a felicidade transborda. É quando aquela sensação de vazio dentro do coração, de que está faltando um pedaço, acaba por ser preenchida.

E se por acaso se sentir em dúvida se está no caminho certo, volte ao princípio, a Deus. Ele criou a vida e todos os ensinamentos são Dele. Esse é o caminho para se reconectar com a Sua natureza e consigo.

Viva em consonância com quem você é

São as coisas mais simples que fazem os olhos brilharem. Eu sou nordestina, de Alagoas. Eu fico encantada com a sabedoria das pessoas que vão à minha casa, e adoro conversar com elas. Certa vez, perguntei ao jardineiro por que estava tendo tantos divórcios no mundo. Ele me respondeu: "Porque, depois de certo tempo, as pessoas, os casais, só olham para os defeitos um do outro. Está sedentário, está chato, não faz mais nenhum agrado. Assim, nós idealizamos as pessoas e queremos que elas estejam do nosso jeito sempre. Não validamos as mudanças das pessoas e é aí que o distanciamento acontece".

Adiciono a isso o fato de não sermos gratos pelas mudanças que acontecem, principalmente quando elas não nos agradam. Ficamos ranzinzas, rancorosos, sem nem saber o porquê. Não podemos esquecer que a cabeça é um tribunal da Inquisição no qual a pessoa está falando e você já está julgando o tempo inteiro. E nós somos os melhores "conselheiros". Mas, muitas vezes, só sabemos dar conselhos e não colocamos em prática o que dizemos.

Fazer com que a sua vida esteja em consonância com aquilo que você é, com aquilo que você fala e faz é uma luta diária. Até mesmo os dons das pessoas são dados por Deus, mas é preciso trabalho para desenvolver.

Nunca houve noite que pudesse impedir o nascer do sol. É assim todos os dias: quando você acorda, tem milhares de opções e tem que tomar um monte de decisão. Logo, se tomar a decisão de ser feliz, de amar o próximo e de perdoar, as coisas que vão sair da sua boca serão boas como você é.

Por isso, minha dica é: aprofunde o seu relacionamento com Deus e deixe o ego de lado. Às vezes, queremos dar direcionamento a Deus, dizer a Ele o que fazer. Grave esta frase: todas as vezes que a solução do seu problema precisar passar por outra pessoa, não é solução, é um paliativo, que pode até dar a você uma falsa sensação de conforto ou resolução. Mas lembre-se de que apenas Ele tem as respostas e é capaz de direcionar os seus caminhos, principalmente quando você não souber o que fazer ou para onde ir. Não é você quem deve guiar Deus.

Se não está querendo resolver, está querendo tapar o sol com a peneira e varrer todos os emaranhados da sua vida para debaixo do tapete. Então, todas as manhãs, quando abrir os olhos, declare coisas boas, tenha um coração grato: "Obrigada, Deus, por mais um dia, por mais uma chance. Porque eu sou capaz, porque faço três refeições, porque tenho saúde, porque tenho uma família".

A verdade é que todos nós merecemos o melhor do mundo, ter um bom emprego, ter amigos leais e ser feliz. Infelizmente, algumas vezes achamos que nada merecemos. Somos os nossos piores carrascos. Somos terríveis conosco. Por vezes, duvidamos da nossa capacidade, achamos que estamos muito gordos ou muito magros, com a aparência feia, ou que somos burros. Precisamos mudar isso. Apenas transformando essa autoimagem você conseguirá descobrir sua real identidade e saber aonde quer chegar. E só conseguimos isso ao nos conectar com Deus.

Que você encontre a sua real identidade lendo este livro!

Um beijo,

Cristiana Braga

Compartilhe prosperidade

Receber uma educação empreendedora foi um desafio pelo qual sou muito grato. Todas as provocações de meus pais me fizeram chegar aonde eu e meus irmãos estamos hoje. Meus pais criaram filhos fortes e preparados para a vida. Nunca me colocaram em uma redoma de vidro ou fingiram não ter problemas.

> **Aprofunde o seu relacionamento com Deus e deixe o ego de lado.**

Eles me ensinaram que eu e meus irmãos poderíamos ser protagonistas no processo de construir soluções para qualquer situação. E isso fez toda a diferença. Meu pai nunca quis me forçar a nada. Não queria que eu fosse como ele, mas eu mesmo, e que melhorasse cada vez mais as habilidades naturais que eu já possuía.

Para você, filho, que está com este livro em mãos, digo: seja a melhor versão de si mesmo, sem ser cópia dos seus pais. Muitos pais colocam tanta energia para tentar moldar os filhos de acordo com a própria perspectiva que acabam desmotivando-o. Na verdade, você, pai, que está lendo este livro, precisa provocar o seu filho a descobrir o próprio caminho, o que ele quer fazer, o que vai deixá-lo feliz, porque, no final das contas, filhos não existem somente para fazer você feliz.

Para você que é pai ou para você que é mãe, que este livro possa ser instrumento de transformação e que crie pessoas empoderadas para que multipliquem talentos e plantem sementes para o futuro. Quanto mais semearem, mais vão gerar transformação na vida de outras pessoas também.

Compartilhar prosperidade com todos: esse é o caminho da transformação mais poderosa.

Um abraço,

Davi Braga

Trabalhe com afinco

Sei que muitas pessoas veem meus irmãos e eu nessa posição e acham que recebemos tudo de "mão beijada". Lógico, tivemos muitos privilégios em relação aos outros. Seria mentira falarmos que não viemos de um berço próspero, muito abençoado.

O PODER DA FAMÍLIA

Muitos amigos meus vieram também de lugar semelhante, mas eu vejo o caminho que estão traçando na vida. Alguns não tiveram pais tão presentes e hoje vivem uma realidade muito distante da nossa. Tentamos, inclusive, trazê-los para o nosso lado, mostrar como vivemos. Mas, no geral, existe uma resistência muito perigosa e enorme para ser superada.

Aos 14 anos, quando deixei de receber qualquer dinheiro do meu pai, comecei a me virar. Hoje temos a Smart Money, mas naquela época eu vendia ingressos na escola. E todos sabiam que eu não precisava daquilo, que minha família tinha uma boa condição financeira. Não fiquei com vergonha, afinal, eu sabia o que queria, aonde iria chegar com aquilo.

Logo depois, vendi essa empresa de ingressos. Não tive medo e resolvi me mudar para São Paulo sozinho. Conquistei meus negócios e, com muito amor, dedicação e orgulho, fundei a Smart Money, empresa que cuida inclusive dos eventos do Poder da Família.

Crescemos e muito em situações de desconforto quando somos desafiados. A cada novo limite, novas superações acontecem e novas barreiras são impostas. Por isso, continue, trabalhe com afinco que o resultado virá.

Desejo sucesso a você!

Theo Braga

Seja protagonista e brilhe!

Dentro de uma família, cada um tem o seu jeito de brilhar. Assim, na minha, percebo que nós cinco somos como estrelas. Cada um brilha da sua maneira, com a sua inteligência, com o seu propósito, com a sua missão de vida. Se você já fez constelação familiar, sabe que cada um tem o próprio papel e, na minha família, a função de cada um está muito bem definida e de maneira consciente.

Hoje, com os meus vídeos, descobri a minha missão: influenciar meninas a saírem da zona de conforto, ou seja, encontrarem o seu protagonismo, a luz que brilha dentro delas. Como estamos em constante evolução, tudo que eu aprendo, ensino para elas do meu próprio jeito, usando a comunicação característica da minha geração Z, com as minhas dancinhas. Ao me conectar com essas meninas, desejo empoderá-las, mostrar a elas o quanto podem brilhar.

Você também tem o seu brilho. Todos nascemos para sermos protagonistas da nossa própria vida e transformar a vida de outras pessoas. Então, brilhe!

Um beijo,

Maria Braga

O PODER DA FAMÍLIA

Educação empreendedora na prática

Peguei o bastão de volta para lhe fazer um convite. Quer conhecer os projetos do Theo, do Davi e da Maria? Utilize os QR Codes a seguir e acesse o perfil de cada um deles para mais informações.

https://www.instagram.com/bragatheo/

https://www.instagram.com/davibraga/

https://www.instagram.com/mariapbraga/

MARATONA DE REVEZAMENTO

NA PRÁTICA

Qual foi o seu aprendizado neste capítulo? Consegue identificar as qualidades e potencial individual de todos da sua família que fazem parte do revezamento e maratona da sua casa? Convidamos você para fazer essa reflexão e listar abaixo quem faz parte desse time e, a frente de cada nome, escrever quais são as qualidades de cada um e, se achar necessário, os pontos mais sensíveis que precisam ser fortalecidos. Esse exercício vai ajudar a perceber quão poderosas são as pessoas que estão do seu lado.

_____
_____
_____
_____
_____
_____
_____
_____
_____
_____
_____
_____
_____

capítulo 3

A FÉ PROSPERA NO DES-CONFORTO

por André Fernandes e Quezia Cádimo

> O fruto da dedicação e amor de uma família são os filhos, pois eles representam tudo aquilo em que os pais investiram. E a própria Bíblia, no Salmo 127:3-5,[6] declara que eles são uma herança que o Senhor entregou. Quando guiados pelo caminho certo, são como flechas que acertam o alvo, lançadas pelos guerreiros que são os pais. Buscar conhecimento e sabedoria da parte de Deus para conduzir a criação do seu filho é essencial para fortalecer o seu maior ministério: a sua família. Sem falar do orgulho que nossos filhos nos darão no futuro por terem aprendido tudo aquilo que nos esforçamos para ensinar.

[6] LEMOS, V. *op. cit.*

Minha esposa Quezia e eu pensamos um pouco sobre o que compartilhar aqui com você quando recebemos o convite para participar do livro. Nem preciso dizer que nos sentimos muito honrados e empolgados com esta oportunidade de alcançar tantas pessoas que desejam passar por uma transformação de vida.

Depois de ponderarmos com cuidado, decidimos contar algumas das nossas histórias e abrir nosso coração. Como todo casal, já passamos por muitas crises e confesso que, no nosso caso, seria até mais fácil mostrar como as coisas podem dar errado. Saber por que as coisas não saíram como o planejado e deram errado é tão importante quanto saber por que deram certo.

Às vezes entramos em um relacionamento/casamento/negócio/empreendimento e temos uma expectativa quase que romantizada de que vai ser tudo leve, tudo vai dar certo, todas as portas vão se abrir e que vão ter corais de anjos cantando ao fundo. A verdade é que, atrás de uma história de sucesso, tem muito suor, tem muitas lágrimas, tem muito esforço. E é sobre isso que queremos falar.

Casamento é uma instituição que tem tudo para dar errado. São pessoas diferentes, com criações diferentes, convicções muitas vezes diferentes. Vocês tiveram referências distintas – talvez seu pai tenha sido extraordinário, mas o da sua esposa, ausente. Talvez a sua mãe tenha sido superprotetora, mas a da sua esposa era superindependente. E aí duas pessoas únicas, com históricos nada semelhantes, passam a construir uma história juntos. E há várias maneiras de fazer isso.

Infelizmente, porém, em alguns casos, o casal não está construindo o casamento junto, mas, sim, cada um do seu jeito, o que causa muita frustração. Essa divisão – que significa duas visões, na etimologia da palavra – se dá no momento em que a esposa tem um desejo, um propósito, mas o marido tem outro sonho, outra missão. E, aí, não há casamento que resista.

A primeira coisa que precisamos entender é que, quando se casou, no dia em que disse "até que a morte nos separe", você entrou em um ambiente em que, naturalmente, tem tudo para dar errado. Mas a boa notícia é que existe uma peça que pode mudar a história do seu casamento. Princípios que podem tornar o seu relacionamento mais leve. Chaves que podem abrir um caminho para uma jornada mais incrível.

Não vai ser fácil, mas é possível.

> A verdade é que, atrás de uma história de sucesso, tem muito suor, tem muitas lágrimas, tem muito esforço.

O PODER DA FAMÍLIA

O início de tudo

Conheci a Quezia da maneira mais improvável possível. Eu tinha 17 anos, morava em outro país e fazia faculdade. Fui emancipado aos 15, então, desde novo, sempre fui independente.

Aconteceu que meus pais faliram. Quando eu era criança, vi agiotas entrando lá em casa, pegando os carros da minha família, tirando tudo o que tínhamos. Vi o meu pai entrando em depressão e, nesse momento, precisei assumir um papel de mais maturidade para lidar com as questões em casa. Então, com 15 anos, meus pais me emanciparam e comecei a assinar pelas empresas. Com 17 anos, morando no exterior, recebi uma notícia que, naquela época, encarei como péssima: meus pais haviam se convertido, se tornado crentes.

Lembro quando eles disseram: "Filho, temos uma notícia para você. Nós visitamos uma igreja e tivemos uma experiência com Deus. Agora somos cristãos". Eu respondi: "Pai, acho que estão indo longe demais, mas vou continuar amando vocês, claro. Cada um faz as suas escolhas".

Talvez você seja assim ou conheça alguém assim. E se alguém falar que algum dia você ainda vai virar crente? Você falaria: "Deus me livre, tá repreendido"? Eu tinha muito preconceito com a igreja e com os pastores.

Um dia, quando estava de férias da faculdade, visitando os meus pais na casa de Cabo Frio, o meu pai falou: "Filho, tem uma família de pastores que eu gostaria que você conhecesse. Quero muito que eles orem por você". Não gostei da ideia, mas meu pai insistiu e, bem, a casa era dele. Então concordei em ficar uns cinco minutos com eles.

Pouco depois entrou o pastor, seguido da esposa e das filhas. Uma delas em especial chamou a minha atenção.

A FÉ PROSPERA NO DESCONFORTO

Era Quezia, uma menina de família cristã supertradicional, com vários pastores na linhagem.

Aquele encontro mudou a nossa história. Naquela tarde, eu parei para ouvir sobre Jesus com calma pela primeira vez. E quando aquela família foi embora, eu confessei para a minha mãe: "Gostei da família do pastor, inclusive da filha dele. Consegue o MSN dela para mim?".

Ela conseguiu e, então, Quezia e eu começamos a conversar. O que me chamou atenção foi que ela era diferente das outras meninas que eu já havia namorado. Havia uma luz nela, algo totalmente novo para mim.

Passávamos horas conversando sobre diversos assuntos. Um dia, ela me disse que tinha que parar a conversa porque estava indo para o culto. Eu lhe pedi que não fosse, mas ela me disse um sonoro "não": o culto era prioridade. Em um ato de coragem (e ousadia), lhe pedi o endereço da igreja e lá fui eu de Cabo Frio para São Gonçalo. Entrei no ônibus, peguei uma lotação, e até parei no bairro errado. Depois, precisei andar por várias ruas em busca da igreja. Em determinado momento, pensei: *Será que estou fazendo a coisa certa? Será que eu não estou muito empolgado? Eu estou indo para uma igreja evangélica para encontrar com a filha de um pastor em São Gonçalo!*

No final da rua, vi uma Assembleia de Deus bem pequena. Os homens vestiam terno e gravata na entrada da igreja e um obreiro me recebeu. E, então, fiquei esperando por ela, que chegou um pouco depois, toda linda, usando um vestido até o tornozelo. Pensei: *É ela!*

E foi assim que assisti ao meu primeiro culto evangélico e comecei a minha jornada de fé. O meu tempo de caminhada com Jesus é o mesmo tempo que estou caminhando com Quezia.

Mas por que estou contando isso? Porque o meu relacionamento com Quezia começou de uma maneira que tinha tudo para dar errado. Mas não deu, pois fazia parte dos planos de Deus.

E o primeiro princípio que queremos compartilhar é: quando Deus tem uma palavra para você, mesmo que não faça sentido, mesmo que isso seja algo que pareça impossível de acontecer, mesmo que aos seus olhos tenha tudo para dar errado, Ele fará acontecer aquilo que planejou para a sua vida. Deus sempre nos surpreende.

Se você recebeu essa palavra, levante suas mãos. Isso, levante agora, não importa onde você esteja lendo este livro. Em Nome de Jesus, eu declaro que a sua casa será cercada por surpresas de Deus e, ao longo da sua jornada, você verá Deus se revelando para você, mesmo nos cenários mais improváveis. Você O verá criando caminhos onde não existia nada, abrindo portas que pareciam impossíveis de ultrapassar. Que esta leitura seja o início de uma estação em que você verá Deus o surpreendendo como nunca antes! Amém!

> **Deus sempre tem o melhor para nós, maravilhas que sequer ousamos imaginar. A Bíblia declara que Ele tem pensamentos ao nosso respeito, que Ele tem projetos ao nosso respeito que os nossos olhos ainda não viram, que os nossos ouvidos ainda não ouviram e que nem penetraram em nosso coração."

> Quando Deus tem uma palavra para você, mesmo que não faça sentido, mesmo que isso seja algo que pareça impossível de acontecer, mesmo que aos seus olhos tenha tudo para dar errado, Ele fará acontecer aquilo que planejou para a sua vida. Deus sempre nos surpreende.

Pessoas são sementes

Depois que nos conhecemos, começou o processo. Eu, Quezia, costumo falar que as pessoas são como sementes. Primeiro, precisamos morrer para que então floresçamos em nossa melhor versão, a versão que Deus reservou para cada um de nós. E esse início de transformação não foi fácil. O André era um menino problemático, bebia e fumava. Vivia tudo com muita intensidade. E quando se lançou para Jesus, foi da mesma maneira. Foi lindo acompanhar aquele primeiro amor dele.

André me fazia muitas perguntas, o que ativava a minha fé, pois, como cresci em berço cristão, eu não questionava muitas coisas. Ele me enchia de perguntas: "Por que isso? Por que aquilo?". Eu sabia que aquele era o caminho e eu não queria experimentar outra coisa senão viver a vontade de Deus e obedecer a Ele.

De certo modo, André foi o meu primeiro discípulo, a minha primeira ovelha. As pessoas não nascem prontas – muito menos nós mesmos e quem mais amamos. Precisamos estar ao lado delas, vê-las desabrochar. E foi o que fiz com André. Permaneci junto dele e vivenciamos lado a lado esse crescimento, afinal, todos nós estamos sendo aperfeiçoados.

Busque conselhos com quem é exemplo

Quezia e eu pregamos sobre o Deus que restaura, mas sabemos o que as pessoas costumam passar durante o primeiro ano de casamento. Nós passamos por essa dificuldade também, de um se adaptar ao outro, de sermos um. Deus não nos levantou para ministrar sobre esse tema à toa – temos propriedade para falar dele.

Antes de ministrarmos a casais, pregávamos sobre fé, sobre vencer desafios, sobre resiliência, sobre cura. Eram as experiências pelas quais tínhamos testemunhado o agir de Deus. Depois, quando tivemos nossos filhos, passamos a ministrar sobre os desafios de ser pai ou mãe nos dias de hoje. Somos pastores, e nosso propósito é levar a Palavra de Deus – e Seus ótimos conselhos – para as pessoas.

E é disso de que você precisa. De bons conselhos no momento certo. Então, busque-os com quem tem propriedade para falar. Não escute uma amiga cujo casamento é bem diferente daquele que você sonha para si. Nem aquela pessoa que acabou de se divorciar e sente-se frustrada e não acredita mais no amor; os conselhos delas serão pautados em fazer você desistir. Às vezes, a pessoa nem fala por mal, simplesmente acredita mesmo que está dando um ótimo conselho.

Só que, para dar certo, devemos parar de ouvir os ruídos e algumas vozes ao nosso redor. Precisamos escutar quem tem propriedade para falar. Se você quer saber sobre empreendedorismo, busque um empreendedor de sucesso. Se deseja entender mais sobre aviação, vá atrás de um piloto competente.

Um dia desses, estava voando com um amigo que está aprendendo a pilotar helicóptero. Ao lado dele, estava o seu instrutor. Confesso que todas as vezes que meu amigo pegava no manche, eu ficava bem ansioso. Mas todas as vezes que o professor assumia o controle, eu me acalmava. Isso porque eu sabia que o instrutor, piloto com muito mais experiência e sabedoria naquela prática, sabia o que estava fazendo.

O PODER DA FAMÍLIA

Há muitos conselhos por aí que estão sabotando casamentos incríveis. Muitas opiniões da multidão que estão colocando o projeto de Deus em xeque. Então, antes de começar uma jornada a dois, o melhor conselho que posso dar para os futuros casais é: busquem a Deus e as direções Dele para o seu casamento.

Cerque-se de pessoas que têm vida. Busque orientação em quem tem um casamento que você sonha ter. Busque com quem está vivendo uma história que você idealiza. Busque conselhos sobre criação de filhos com pessoas que criaram filhos com os quais você gostaria que os seus fossem parecidos.

Nossos filhos são pequenos, a mais velha tem 9 anos. Eu ainda não posso falar sobre criação de filhos, porque os meus ainda não foram criados. Estamos no processo. Talvez quando eles tiverem 17 ou 20 anos, Quezia e eu poderemos falar sobre o assunto para outros pais. No entanto, hoje em dia, há jovens sem filhos querendo dizer como devemos criar os nossos. Há pessoas que não têm uma família estruturada querendo nos ensinar como estruturar uma. Então, outra dica que quero lhe dar é: não dê acesso a quem não tem potencial de lhe dar destino.

Agora, se você sabe do que está falando, se o seu casamento é uma referência, seus filhos são incríveis, então eu vou lhe dar acesso ao meu coração. Você vai ter voz para chegar ao meu coração. É por isso que acreditamos na estrutura da igreja como sendo um projeto de Deus. É uma edificação mútua. O meu testemunho abençoa você, e o seu testemunho me edifica em relação ao que eu vivi com Deus. Ele vai inspirar você, e o que você está vivendo com Deus vai me inspirar também.

A FÉ PROSPERA NO DESCONFORTO

Ressuscitando seu casamento

Você sabia que alguns milagres só aconteceram quando a multidão saiu de cena? A Bíblia afirma que, quando Jesus se aproximou de onde Lázaro jazia, morto, a multidão chorava. Todos estavam desesperados. A irmã de Lázaro não acreditava mais no milagre, estava frustrada. Tanto que, quando Jesus chegou, ela descontou sua dor Nele: "Se você tivesse chegado mais cedo, o meu irmão não teria morrido".

Perceba: é Jesus quem está diante dela, o Verbo vivo, o Filho de Deus, o único que poderia mudar a história. E, ainda assim, ela acha que Jesus chegou atrasado. Há muitas pessoas com este livro em mãos achando que não tem mais jeito, que já passou do tempo. Mas garanto a você: Jesus está diante de você dizendo que há tempo, que é possível, sim, restaurar algo que está "morto".

Seu casamento pode estar arranhado, você e sua esposa talvez estejam feridos, mas, por mais que o almejado por vocês enquanto casal pareça impossível de alcançar, saiba que Jesus sempre pode mudar a sua história. Quando a irmã de Lázaro fala pra Jesus que se Ele tivesse chegado antes, isso não teria acontecido, ela "joga" Jesus no passado. Jesus então fala: "Não, você não está entendendo, seu irmão vai ressuscitar. Não me jogue no seu passado, nem me lance no seu futuro. Estou lhe dizendo que ainda hoje o seu milagre vai acontecer".

A Bíblia diz para trazer à memória aquilo que nos dá esperança. Então, talvez alguns amigos digam que não tem jeito, não vai acontecer, não vai prosperar. Seus filhos não vão chegar lá, serão uma vergonha, e o seu casamento, frustrado. Ou então será a sua sogra que lhe dirá essas coisas, ou um parente, ou até você mesmo. Mas saiba que, para cada palavra contrária, nós carregamos centenas de promessas de Deus em Jesus de que somos abençoados, justificados e, em Jesus, somos mais do que vencedores. Em Jesus, podemos todas as coisas. Em Jesus, sempre há uma segunda chance.

Quando Jesus entra em cena, tudo se resolve. Ele entra em meio a tempestades, surge no deserto, nas adversidades e realiza o milagre. Pedi à minha esposa que falasse um pouco sobre isso.

Não desanime nas crises

Em meio ao caos que era o início do meu casamento, eu sempre dava um jeito e corria para o colo de Deus, sabe? Sozinha, é impossível dar conta, mas com Ele podemos todas as coisas. Em vez de questionar o André e começar a revidá-lo, eu ia para o quarto, fechava a porta e me derramava diante do Senhor.

Eu chorava e conversava com Deus: "Pai, o Senhor tem um propósito para a nossa vida. Você já nos deu a Sua revelação, mas o inimigo continua nos tentando por intermédio dos outros!". Escutei muito que havíamos casado muito cedo, que não daria certo mesmo, pois eu já era cristã, mas ele não.

E o Senhor acalmava meu coração. E isso era uma semente. Porque a Palavra diz que aquele que leva a preciosa semente andando e chorando, voltará colhendo frutos. Voltará com alegria, com seus feixes cheios. E hoje eu olho para nossa casa, para nossa família e comemoro: Glória a Deus! Valeu a pena chorar no colo de quem pode resolver!

> Cerque-se de pessoas que têm vida. Busque orientação em quem tem um casamento que você sonha ter.

O PODER DA FAMÍLIA

Muitas vezes, nos lembramos de todo mundo, menos de Deus. Ligamos para fulano ou beltrano, para alguém da família, para um amigo. Mas a verdade é que eles não conseguem resolver. Só o Pai consegue, pois Ele pode todas as coisas.

Não desanime com essas crises, pois é em meio a elas que a nossa fé prospera. A fé prospera no desconforto.

O ambiente em que a fé se torna mais próspera é um em que o natural se torna inviável. Vamos ser sinceros: quando o natural é possível, você não precisa de fé. Você vai lá e faz; já a fé move aquilo que é impossível, aquilo que é invisível, aquilo que não dá para acreditar, aquilo que é inviável. A verdade é que o sobrenatural entra em cena quando o natural se esgota, quando não tem chance de acontecer.

> "Você não tem o que precisa. Você tem pouco, mas tem um sonho grande. Você tem uma família em crise, mas Deus lhe deu promessas. Você está passando um momento difícil. Mas você acredita que vai romper? É nesse momento que o sobrenatural entra em cena. A fé prospera no desconforto, porque todo milagre nasce de um problema."

O milagre da mulher do fluxo de sangue só aconteceu porque uma mulher sangrava havia anos. O milagre do paralítico só aconteceu porque os amigos abriram o telhado para que ele ficasse bem próximo de Jesus para ser curado.

Em todos esses momentos, apesar dos milagres incríveis, as pessoas passavam por uma crise. Milagres estão envoltos em lágrimas, escassez, dor, medo, preocupação.

Mas é nesse lugar que o sobrenatural entra em cena. A fé prospera quando você está no meio de uma crise financeira, quando não tem o que precisa. Você conhece uma faceta do caráter de Deus? O Jeová Jireh é o Deus que provê. Tem momentos em que conhecemos um pouco mais do Deus que cura. Em outros, conhecemos um pouco mais do Deus que protege.

O seu milagre é real

Quando esperávamos o nosso primeiro bebê, Quezia e eu nos sentíamos felizes. Morávamos em uma casa de fundos. Cecília veio cinco anos depois que nos casamos, quando passávamos por uma crise financeira. Eu me lembro de que havia quebrado e, sempre que precisava, mandava uma mensagem para o meu pai. Por várias vezes, ele colocava um envelope com dinheiro dentro na caixa de correio, pois não queria que eu me sentisse humilhado por ter uma mulher grávida em casa e sequer poder bancar nossas necessidades. Quando eu pegava o envelope na caixa de correio, com ele havia sempre um bilhete: "Eu te amo, acredito em você".

A gente precisou depender plenamente de Deus nos momentos mais sensíveis da nossa história. Quando a Quezia entrou no sexto mês de gravidez, diante da pressão de tantos desafios, ela desenvolveu um quadro de bipolaridade gestacional. A minha esposa ficou irreconhecível, falando coisas sem sentido. Comentei com meus pais e sogros, que me orientaram a observá-la. Mas o quadro dela começou a piorar e decidimos levá-la ao médico.

O PODER DA FAMÍLIA

E então veio o diagnóstico e o tratamento com remédios controlados. A médica ainda disse que o transtorno poderia perdurar após a gravidez e, se esse fosse o caso, Quezia teria de continuar o tratamento pelo resto da vida.

Certa vez, conversando com ela sobre aquela situação toda, eu chorei. E aquilo foi um gatilho para ela, que começou a delirar. Então, liguei para a médica, que me orientou a agir e, assim, Quezia ficou bem.

Em um casamento, há momentos em que o marido vai sustentar e, em outros, será a vez da esposa. É por isso que é melhor serem dois do que um. Quando um está cansado, o outro anima. Quando um tropeça, o outro levanta. Quando um desanima, o outro impulsiona. Tem momentos em que você vai ser a base da sua casa para que o outro possa descansar. Tem momentos em que você vai falar para o outro: "Eu preciso que você segure as pontas porque eu estou mal e preciso de ajuda".

Para nós, que cremos em Jesus, que temos uma fé cristã, sabemos que Deus conhece o que estamos passando. O salmista diz que nenhuma lágrima será esquecida. Então, repita em alta voz: "Nenhuma lágrima será esquecida". Fale também: "Nenhuma crise será em vão. Todas vão me levar para o lugar de milagres!".

Na maternidade, quando Quezia segurou Cecília no colo, foi curada. Nosso maior milagre aconteceu no momento de maior festa e com o quartinho preparado, o enxoval pronto. Às vezes no seu momento de maior expectativa para ver algo incrível, você enfrentará uma grande adversidade. Então, esteja preparado. As dificuldades não anunciam que estão vindo. Antes de chegarem, você não vai receber um e-mail dizendo: "se prepare, pois daqui a trinta dias está vindo uma onda, uma tempestade, um gigante".

A FÉ PROSPERA NO DESCONFORTO

As dificuldades aparecem da noite para o dia. Do nada, surge um desafio, uma má notícia, um problema, uma crise ou uma porta fechada. Mas é nesse lugar que verá uma história com Deus que vai marcar você para sempre. E pessoas marcam a história. As nossas cicatrizes ferem a nossa estética, mas são poderosas porque toda cicatriz aponta para o seu milagre.

Cicatrizes são como um memorial. Você vai olhar para a sua família e constatar: "Quase me divorciei, mas hoje estamos bem". Ou então: "Quase sucumbi à depressão, mas hoje estou bem. Estou de pé porque até aqui me ajudou o Senhor". As suas marcas vão lhe dar autoridade para ministrar sobre seus filhos, para ministrar sobre outros casais.

Tem um provérbio oriental que diz: "Homens fortes criam tempos fáceis e tempos fáceis geram homens fracos, mas homens fracos criam tempos difíceis e tempos difíceis geram homens fortes". Talvez você tenha vindo de uma família mais humilde, e eu acho isso incrível, pois os tempos difíceis tornaram você um homem forte, uma mulher forte. E essa é a certeza de que, por mais que tudo esteja pronto para dar errado, você não vai parar no meio do caminho. Você não vai desistir nem retroceder.

Faça do Senhor o seu refúgio, a sua fortaleza, o seu socorro, presente na hora da angústia. Se você buscar Nele o seu socorro, a sua resposta, o que você precisa, tudo alcançará. Você vai ouvir Deus falando com você: "Filho, já aconteceu o seu milagre, ele é real".

Depois do ocorrido, de sua doença e como reagi a ela, Quezia sentiu muita vergonha. E se calou, não queria mais falar sobre isso. Queria que eu contasse o testemunho.

Certa vez, quando voltei de uma ministração em São Paulo (nós já éramos pastores), dei o testemunho de tudo o que passamos durante a gestação. Após a pregação, fomos almoçar com líderes de jovens e um deles confidenciou que sua mãe teve também a mesma doença. E completou: "Diga para a sua esposa que existe cura quando algo nos marca. Nós temos autoridade e poder para liberar a cura". E, a partir daquele momento, o Senhor quebrou isso na vida dela. Quezia ficou livre da vergonha de mostrar suas marcas.

O testemunho é fundamental. Apenas quando falamos há um poder libertador agindo para que outras pessoas também sejam libertadas e curadas. Aquilo foi uma chave que virou na nossa vida.

Dependemos do socorro de Deus

Os anos se passaram, e André continuou muito intenso; às vezes, nem dormia. Queria estar na obra, implantar igrejas. Mas aí veio a tempestade.

Um dia, durante uma pregação, ele teve febre e se sentiu mal. Mas continuou, tínhamos que ministrar em mais uma igreja ainda. Quando desceu do palco, ele me mostrou uma mancha em suas mãos. Não sabíamos o que era.

Fomos dali para o hospital, onde ele fez alguns exames e recebeu o diagnóstico de infecção. Faltavam os resultados de alguns exames, mas como seu quadro parecia estável, nos mandaram para casa. Três dias depois, porém, recebemos a seguinte notícia do médico: "Pastor, você está com uma endocardite bacteriana, que está tomando o seu coração. É uma doença grave, o índice de mortalidade é de um para três. Se não for internado agora, você tem grandes chances de morrer".

> **Tem momentos em que você vai ser a base da sua casa para que o outro possa descansar.**

Para mim, um pouco antes de sairmos, o médico me disse em reservado: "Você precisa ser forte, Quezia. Você tem que sustentar agora". Tomei aquela palavra e falei com o meu Deus: "Pai, agora eu e você". Naquele momento, experimentei que a fé prospera no desconforto.

Após passar cinco dias no CTI, André foi para o quarto, onde ficou internado por mais trinta dias. Durante esse período de recuperação, ele escreveu seu livro.[7] Eu falava: "André, você tem que descansar!". Mas ele tinha um sonho, uma meta, um propósito.

E, então, chegou o dia da alta, completamente curado. O milagre acontecera.

As crises nem sempre transformam nosso caráter, mas toda crise revela o caráter. Nesses momentos percebemos o quanto dependemos do socorro de Deus.

Um novo tempo

Até aqui temos vencido todas as adversidades e saído sempre mais fortes delas. Hoje, usamos essa experiência com autoridade para curar pessoas, liberar palavras de cura. Nas lives que fiz durante a pandemia da covid-19 (algumas com público de 20 mil pessoas), testemunhei a cura de várias pessoas. Recebi centenas de relatos do tipo "Pastor, eu acabei de ser curado! A minha perna, que não se movimentava mais, começou a se mexer!".

A verdade é que, ao viver um milagre de cura, você tem propriedade para liberar milagres de cura. Ao viver o milagre da restauração, você tem propriedade para liberar

---

[7] FERNANDES, A. **A resposta que você precisa**. São Paulo: Quatro Ventos, 2020.

milagres de restauração. Ao viver o milagre financeiro, você tem propriedade para ministrar milagres financeiros.

Neste momento, sinto em meu coração o desejo de ministrar que nenhuma crise que você enfrentou no seu casamento foi em vão. Deus usará você para abençoar pessoas, para dar o conselho certo na hora certa; Ele vai usá-lo com sabedoria. Deus vai usar a sua casa com autoridade. Deus tem um projeto incrível para você. Ele quer que você tenha uma vida boa, um bom carro e more em um bom lugar. Mas isso não é o principal. O mais importante é que você transborde o agir de Deus em sua vida, pois, quanto mais abençoado você for, mais poderá abençoar as pessoas ao redor. Elas vão se inspirar por aquilo que você transborda.

Em 2019, quando estávamos em Israel para uma viagem, uma senhora que eu não conhecia sentou-se do meu lado e disse que tinha uma palavra do Senhor para mim. Aceitei, pois quando as palavras são de fato de Deus, elas libertam o destino, nos sustentam em meio a uma crise. Essa pessoa, usada pelo Espírito Santo, me disse que Quezia e eu teríamos mais dois bebês naquele ano, um menino e uma menina. A senhora até disse as características deles!

Do parto do menino, saímos com a seguinte sentença do médico: "Quezia não poderá ter mais filhos". Em nosso íntimo, porém, repreendemos aquelas palavras, pois nós já tínhamos uma que viera do Médico dos médicos. Ainda teríamos mais um bebê, uma menina. Era essa a promessa do Senhor para a nossa família.

Tempos depois, Quezia engravidou novamente, e, quando a nossa menininha nasceu, rejubilamos! A palavra de Deus havia se cumprido para a honra e glória Dele!

Não coloque um ponto-final onde o Autor da vida continua escrevendo. Se não é o que Deus que lhe prometeu, é porque ainda não é o final da história. Ainda tem mais de Deus. O desenrolar de Deus, o descortinar de Deus, sempre marca recomeço. Se está difícil, Ele pode recomeçar. Se está quebrado, Ele pode reconstruir.

Tenha paciência. Não fique ansioso para que o processo acabe logo. Agarre-se à verdade de que o tempo da promessa é ainda maior e melhor que o do caminho. E quando o momento chegar, você desfrutará em sua plenitude.

Uma palavra de Deus é mais poderosa do que qualquer palavra. Uma promessa de Deus é mais poderosa do que qualquer especulação contrária. Muitas vezes, as pessoas dizem o contrário. Nesses casos, precisamos nos agarrar às promessas Daquele que tudo sabe, Daquele que tem um propósito para a nossa vida.

Crises nunca deixarão de existir. Mas se você permitir o acesso de Deus à sua vida, em todos os desafios Ele estará com você, vencendo ao seu lado.

A Bíblia relata que, em uma certa ocasião, os discípulos de Jesus estavam em alto-mar, desesperados, com medo de morrer, em meio a uma tempestade. E, de repente, tudo se acalmou. Jesus veio andando sobre as águas e mudou a história.

Nas Escrituras, lemos que Deus libertou o Seu povo da escravidão do Egito. Durante os anos em que caminharam pelo deserto, quando sentiam fome, Deus mandava pão dos céus; quando tinham sede, Deus fazia água brotar do meio de uma rocha; quando eles tinham frio, a glória de Deus se revelava com uma coluna de fogo; quando eles tinham calor, a glória de Deus se movia como uma nuvem. Nada lhes faltou. Sempre que Deus entrava em cena, tudo mudava.

E Ele pode fazer o mesmo com a sua história.

A FÉ PROSPERA NO DESCONFORTO

Deus pode transformar o seu casamento hoje. Acredite, Ele pode liberar o seu destino hoje. Deus pode liberar o destino profético dos seus filhos hoje. Libere você também palavras de vida sobre seus filhos. "Filho, eu o abençoo. Você será como uma flecha liberada sobre as nações. Você vai aonde papai não foi. Você viverá o que papai não viveu. Você verá cada promessa se cumprir. Filho, você é uma bênção."

Profetize sobre a sua casa, fale em alta voz: "A minha casa vai ser chamada de lugar de oração. A minha casa vai ser conhecida como lugar de paz". E assim será, em Nome de Jesus!

NA PRÁTICA

Lembre-se porque você escolheu o seu marido ou esposa! Relações passam por altos e baixos, e como demonstrado neste capítulo, é no desconforto e nas convicções que qualquer pessoa avança e se torna mais forte e preparado para enfrentar os desafios da relação e da vida. Por isso, nunca se esqueça dos motivos que o fizeram querer construir uma vida a dois com essa pessoa. Que tal escrever aqui só para lembrar e mostrar a você o quantos todas essas qualidades são admiráveis e que, se algo não estiver bom no momento em sua casa, pode se restaurar a partir desse reconhecimento e valorização. Olhe para o lado com admiração!

_____

_____

_____

_____

capítulo 4
REVEJA SEU COMPORTAMENTO

por Pastor Cláudio Duarte e Mary Duarte

> Em Josué 24:1-28,[8] após muitas batalhas e vitórias, Josué reuniu todos e entregou o recado de Deus para aquele povo que o Senhor tirou do Egito. Eles começaram a servir outros deuses mesmo depois de todas as provas do amor de Deus para com eles. Josué não podia acreditar que aquele povo estava adorando outros senhores depois que Deus os havia guardado de todo mal e dado tantas vitórias pelo caminho. Após aquilo que Deus havia ordenado, aquele povo se deu conta do que estavam fazendo e confessaram que só renderiam adoração a Deus.
>
> Ao mesmo exemplo, você e sua casa devem servir de todo coração a Deus Altíssimo, pois Ele guarda sua casa e cuida da sua família desde muito antes de ela acontecer. Além disso, esse cuidado percorre gerações. Todo conteúdo ou mensagem que recebemos precisa ser absorvido e, depois, transformado em comportamento, pois são nossas crenças, nossos pensamentos e nossos sentimentos, espelhados em nossas ações, que nos guiam por um caminho melhor. É sobre esse desafio que eu e minha esposa, Mary Duarte, falaremos neste capítulo.

---

[8] LEMOS, V. *op. cit.*

Liberte-se do passado

Quando escuto o nome "Pastor Cláudio Duarte" ainda soa diferente para mim, porque eu conheci o Claudinho e, infelizmente, não vi o processo dele de crescimento. Não, não vivíamos bem. Eu, Mary, não vivia bem. Mas, para começar, preciso dizer que se houvesse a possibilidade de ter uma máquina ou cápsula do tempo, eu mandaria uma mensagem para mim mesma dizendo: "Procure ajuda o mais rápido possível, porque você viverá dias incríveis, dias com os quais jamais sonhou, dias em que vai acordar e se beliscar perguntando se isso é real. Você vai sair de Xerém, vai conhecer pessoas. Você terá a oportunidade de dividir palco com pessoas que vai olhar e falar: 'Senhor, eu não sou merecedora'". Realmente, nós não somos merecedores. Mas existe um Deus que é real. E Ele muda a história de cada um dos que não ficam teimando em não mudar de estação.

O PODER DA FAMÍLIA

Por muitos anos, eu passei por uma estação que foi o inverno. Eu replicava o inverno na minha vida o tempo todo, e isso trouxe consequências. Uma delas foi que eu não acompanhei o Claudinho se tornando o Cláudio Duarte. Eu não o vi avançar na vida porque estava imersa em problemas pessoais que me tiravam o foco de qualquer outro fator que não eu mesma.

A verdade é que eu me autossabotava o tempo todo. Eu achava que não era merecedora de estar nos lugares com ele, que as pessoas não gostavam de mim, que eu era feia, que eu era esquisita. E esse inverno se estendeu até o momento em que não aguentei mais e decidi dizer confrontar tudo isso. Minha primeira atitude foi me aproximar das pessoas. Pensei: *Deus me criou para criar conexões, estar no meio de pessoas, usufruir de tudo isso.*

Uma coisa eu tenho entendido: carreira solo não é para nós. O Senhor nos chamou para estar em movimento. O Senhor nos chamou para dividir, compartilhar informações que vão mudar a nossa história. E, hoje, posso afirmar que eu vejo o meu marido. Eu realmente olho para a vida dele e a enxergo e acompanho.

Meu marido tinha tudo para ser uma pessoa mal--humorada, pessimista, triste. Meu sogro se casou oito vezes. Claudinho foi "pulando" de família em família e, é claro, isso não foi agradável para ele. Quando tinha de 9 para 10 anos, sua mãe decidiu não querer mais viver. E ele recebeu uma mensagem sobre o que a mãe havia feito. Ela não morreu (como desejava) com essa ação, mas ainda assim o que aconteceu deixou marcas no filho. Durante anos, o Claudinho disse para si mesmo que não queria se casar, provavelmente o subconsciente dele fixou a ideia de que se casar fosse tão bom, a mãe não teria tentado tirar a própria vida.

Mas o tempo passou, e a vida é uma escola. Nela, resiliência é uma matéria que você mais vai precisar

REVEJA SEU COMPORTAMENTO

estudar, pois ela reprova – inclusive, há muitas pessoas sendo reprovadas. Então, convido você a olhar para tudo o que passou na sua vida e dizer: "Passou! Está doendo. Estou empoeirado pela queda, mas 'vida que segue'".

Casei buscando a felicidade no casamento. Mas, depois de me casar, descobri que aquilo não me bastava. Eu precisava de algo a mais. E o que é esse algo a mais? Um filho? Fui ver se era isso. Quando decidi engravidar, parei de tomar anticoncepcional e até conversei com Deus sobre como queria que fossem os meus filhos. Recebi duas bênçãos: Caio e Filipe. Mas percebi que ainda me faltava algo.

E por quê? Porque eu não me desprendia do passado.

Por conta dessa atitude, não seguia em frente. A questão é que é preciso resolver coisas que estão no passado, libertar-se delas, para conseguir investir no seu futuro. E uma das coisas que admiro no meu marido é isso. Ele consegue, de uma situação passada ruim, tirar uma lição, ressignificar aquele acontecimento e pensar olhando para a frente. Eu não conseguia fazer o mesmo. Eu vivia no presente com a cabeça no passado. Meu futuro não recebia informações. Não recebia mensagens para que ele mudasse. E assim a estação nunca mudava.

Acredito que algumas pessoas que estão lendo este livro também estejam em busca de algo que nem sabem exatamente o que é. Para mudar isso, é preciso se autoanalisar. Disposição será importante nessa trajetória. Precisamos fazer como aquela mulher na Bíblia que perdeu uma dracma e teve que arrumar toda a casa para encontrar a moeda. É esse olhar, essa procura, que devemos ter em nosso íntimo.

Aqui, peço licença no relato da Mary para que eu, Cláudio, possa fazer um complemento. Para mim também não foi fácil olhar para o passado. Minha mãe teve um estreitamento de esôfago e não podia mais se alimentar por via oral, apenas por sonda. Um dia, ela me disse: "Deus não me fez assim. Então, a partir de hoje, eu não como enquanto Deus não me curar". O que ela ainda não havia entendido é que toda ação gera consequências, e que, por falta de conhecimento, infelizmente, ela se prejudicou profundamente. A Bíblia, porém, é bem clara. Ela diz que o que homem fizer e plantar, é isso que ele vai colher (Gálatas 1:6-7). Sofremos muitas coisas por falta de conhecimento e porque não estamos trabalhando para mudar de vida, para crescer espiritualmente e como pessoa. No desespero, às vezes tomamos as piores decisões e muitas delas podem ser irreversíveis. Por isso, o quanto antes você colocar em prática os ensinamentos e a Palavra, maiores as chances de evitar erros dos quais vai se arrepender pelo resto da vida.

Minha mãe se tornou muito agressiva, e isso respingou em mim. Também me transformei em uma pessoa colérica. Eu era agressivo com minha esposa, com meus filhos, comigo mesmo. É aquela máxima: pessoas feridas ferem, gerando mais e mais sofrimento. Mas eu creio que Deus quebra esses ciclos, e o milagre ocorre. Deus derrama um bálsamo sobre a vida dos Seus filhos e lhes dá entendimento para que compreendam os desafios.

> **Pare de repetir o ciclo que Deus já lhe mostrou como encerrado. Passe para o próximo! Se você continuar insistindo em ciclos obsoletos, não conseguirá informações para o seu futuro, para que ele seja melhor. Deus tem planos de paz. Ele pensa bem a nosso respeito. Ele não quer o nosso mal. Nós, com as nossas atitudes erradas, que tornamos tudo mais difícil e inacessível."**

REVEJA SEU COMPORTAMENTO

Deus nos escolheu para passar por determinada adversidade por um motivo. Somos fortes. Temos autoridade para vencer os gigantes. O que precisamos fazer é acessar esse poder que está em nosso íntimo.

PARA FIXAR E REFLETIR

Vale o destaque:

- O estudo da evolução do comportamento é tão antigo quanto o próprio darwinismo;

- Darwin enfrentou esse problema em *Origem das espécies*, *A descendência do homem* e *A expressão das emoções no homem e nos animais*;

- Na década de 1930, Konrad Lorenz, Niko Tinbergen e Karl von Frisch fundam a Etologia;

- O estudo evolutivo do comportamento não se reduz aos mecanismos do comportamento, mas, sobretudo, estuda sua função adaptativa e seu desenvolvimento filogenético;

- Do ponto de vista da biologia evolutiva, as características comportamentais são como qualquer outra classe de caracteres. Os comportamentos exibem variações genéticas e não genéticas, diferenças entre populações e espécies;

- Os comportamentos são sujeitos a evolução por seleção natural.

Fonte: http://labs.icb.ufmg.br/lbem/aulas/grad/evol/coevol/aula11comport.html

> É preciso resolver coisas que estão no passado, libertar-se delas, para conseguir investir no seu futuro.

REVEJA SEU COMPORTAMENTO

Perdoe a si mesmo

A falta de perdão não nos permite avançar na vida. Muitas vezes, ficamos paralisados em um mesmo lugar de sofrimento porque não liberamos o perdão para outra pessoa ou para nós mesmos. Sei que é difícil, mas é necessário. Foi um longo caminho até eu perdoar a mim mesma por não ter visto a evolução do meu marido, por não ter celebrado as vitórias com ele.

Eu me sentia a verdadeira Mical. Davi era um homem segundo o coração de Deus, e eu acredito que Mical seria uma mulher segundo o coração de Deus se ela não tivesse sabotado tudo. Ela viu o marido ir embora e ficou ali na janela, apenas olhando. Depois, ela o viu celebrando e continuou na janela, apenas olhando. Era uma mulher que sofria da síndrome da janela. Infelizmente, acredito que muitos estejam agindo como Mical. Estão na janela olhando a vida passar quando a própria família está se enfraquecendo.

Nosso olhar precisa se voltar para o passado, para descobrirmos e sentirmos as dores daquela época, a fim de olhar para o futuro com a certeza de que a última palavra quem dá é o Senhor. E Ele vai dar mediante a minha atitude, sou eu quem a define, a responsabilidade é minha. Algumas pessoas costumam colocar toda a culpa no diabo, mas ele é simplesmente um aproveitador. Você decide o que vai fazer. Você decide ser gentil, você decide economizar, você decide buscar conhecimento. Você decide o que vai fazer com cada palavra.

Sou o exemplo vivo disso. Foi isso que fiz na minha vida. Caí várias vezes, e em todas me levantei. E hoje estou aqui dividindo a vida, o capítulo, o palco, com esse homem por quem eu tenho enorme admiração e respeito: meu marido.

O PODER DA FAMÍLIA

Você não está casado com a pessoa errada

Mary me passa o bastão agora para continuarmos a nossa jornada. Já deu para notar que nosso casamento é como o de todos os outros casais. Nem todo dia é bonito, nem sempre vamos pegar o microfone para elogiar o outro. Mas viver com o mérito é complicado, porque viver com outra pessoa é desafiador e é preciso humanizar o seu relacionamento primeiro para entender que você não está casado com a pessoa errada – até porque todo mundo é certo.

Entenda: você não está casado com a pessoa errada. E isso não quer dizer que, nesse caso, você é a pessoa errada. Quero dizer que, na maioria das vezes, você está *agindo* de maneira errada ao lado da pessoa certa, porque é desafiador conviver com o outro, assim como para ele é desafiador fazer o mesmo com você. Somos indivíduos únicos, com questões únicas, mas quando escolhemos alguém para andar ao nosso lado, é pelos motivos certos daquela pessoa; os outros motivos, das ações erradas que incomodam, podem ser revisados e consertados. Às vezes, o outro é apenas uma pessoa dispersa, e vou ilustrar isso com um exemplo: uma mulher olhou para o filho de 5 anos e começou a estranhar que o menino não tinha as feições dela, nem as do marido. Então, às escondidas, foi lá fazer um teste de DNA no garoto e descobriu que o menino não era filho biológico deles. Consternada, ela ligou para o marido: "Meu amor, descobri algo surreal. Esse menino não é meu filho, nem seu". E ele disse: "Mulher, você é muito esquecida. Você não lembra? Quando estávamos saindo da maternidade o bebê se sujou e você falou 'vai lá e troca o menino'. Eu fui lá, deixei o menino sujo e peguei o limpinho".

REVEJA SEU COMPORTAMENTO

Na verdade, precisamos ter cuidado, pois muitas pessoas são desatentas e se perdem no meio de uma comunicação que, para o outro, estava certa. Mas é isso que a vida faz de especial: aproxima pessoas diferentes. Isso é uma especialidade da vida. Por isso que muitas vezes a pessoa proativa é casada com alguém que "está de boa com tudo". A vida tem uma mensagem para os dois. Até quando vão viver juntos? Só a maturidade é que pode dizer. Então, quanto mais rápido se aprende isso, maiores são as chances de o relacionamento dar certo.

Quando se está solteiro, você está no lugar mais importante da sua vida, pois tem a oportunidade de encontrar, analisar, conhecer e escolher a pessoa com quem vai se casar e compartilhar a vida. Mas é preciso tomar alguns cuidados e vou citá-los a seguir.

Primeiro, consulte seus hormônios. Saia fora de alguém cheio de dinheiro e com quem seus hormônios não estão nem aí. Nunca se case com alguém que não desperta tesão em você, porque ele não virá depois; na verdade, ele costuma ir embora e você tem que ficar gritando para que volte.

Outra coisa, se puder, case-se com alguém que professe a mesma fé que a sua. Não é garantia de sucesso, mas ajuda bastante. Pelo menos se entende e pensa como alguém que acredita em Deus, no poder do Espírito Santo.

Recomendo também dar uma olhada na família, ver como essa pessoa foi criada. O que ela sabe a respeito de deveres conjugais? Você cresceu em um ambiente camarada, proativo e, em casa, se relaciona com alguém que tem dificuldade de acender um fósforo? Não pode, claramente vai causar problemas. É a mulher ou homem que vai cozinhar? Quem vai definir isso são os acordos entre o casal antes do casamento.

O PODER DA FAMÍLIA

Sem dúvida, um dos relacionamentos mais desafiadores que existe na vida é o estado conjugal. Por quê? Porque homem e mulher são muito diferentes, por natureza e também por criação. Quer um exemplo? Imagine três casais amigos passeando pelo shopping. De repente, uma das mulheres diz que precisa ir ao banheiro. Nesse momento é comum que todas resolvam ir junto, sabe-se lá por que, mas as mulheres costumam ir em grupo. Já os homens, até nesse momento gostam de contar vantagem, fazer uma piada ou dar indicações de algo que não é lá verdade, principalmente quando próximos de amigos. Se um dos homens do grupo resolvesse ir ao banheiro, ele provavelmente faria graça com alguma frase como "Vou levar o gigante para chorar" e, acredite, ele não seria acompanhado pelos amigos. Nós agimos e pensamos diferente, isso não anula os sentimentos mútuos, mas pode criar ruídos no relacionamento que, por falta de maturidade e compreensão de que as pessoas são indivíduos únicos, podem gerar problemas maiores.

Não é difícil conversar com o sexo oposto? As mulheres costumam ser mais abertas com seus sentimentos e buscam ser ouvidas, enquanto os homens, em sua maioria, preferem não tocar em determinados assuntos, passando a impressão de não estarem interessados, enquanto, na maioria das vezes, os dois apenas estão abordando de maneira diferente algo que ambos desejam resolver. E esse ruído pode trazer mais problemas do que soluções, afinal os dois acabam incompreendidos. Percebe as diferenças que estou trazendo para mostrar o que quero dizer? No diálogo, elas precisam de olhar e isso é maravilhoso. O homem conversa sem que o outro saiba que está prestando atenção.

Na maioria das vezes, não tem nada de errado no seu casamento. A questão é que você precisa aprender primeiro a conversar com a fêmea e a conversar com o macho. Saber como eles conversam, como interagem, entender o que é importante para o outro.

Uma das coisas que eu mais vejo hoje e que mexem com os casais são os conflitos de interesses. Se tem mais de um interesse, o que fazer? Atenda todos e chegue a um acordo mútuo. Por quê? Porque é importante. Se você não lutar pelo seu interesse, é só uma questão de tempo. Alguém vai descobrir que você não existe mais e que alguém o sufocou. Por outro lado, se você lutar pelos seus interesses todos os dias, vai virar um chato e ninguém conseguirá conviver ao seu lado. Se você pensa que o mundo gira ao seu redor, vá ao médico, porque é labirintite. É preciso alternar para dar certo.

E só precisamos de duas coisas: paciência e beleza. Se está tudo bem, beleza; e se não está, paciência. Às vezes, eu vou até o meu filho e pergunto se ele quer jantar. Ele pode dizer sim ou não. Além disso, se um quer comer hambúrguer e o outro comida japonesa, um precisa ceder e acompanhar o outro com as suas preferências e escolhas, sempre que possível.

Se você alternar, tudo fica mais fácil. Aprenda: conflitos de interesses precisam ser solucionados. Tem dia que não dá para ter razão. Então, o que você faz? Seja feliz.

Esteja preparado para as mudanças que vão acontecer

Quando você vai ficando velho, o negócio piora. Não dá para ficar casado com uma pessoa só por muito tempo. "Ué, como é que é isso?" É que, ao longo do tempo,

> **Aprenda: conflitos de interesses precisam ser solucionados. Tem dia que não dá para ter razão. Então, o que você faz? Seja feliz.**

REVEJA SEU COMPORTAMENTO

as pessoas vão mudando e sofrendo influências – por exemplo, de hormônios. Inevitavelmente pessoas vão mudar com a idade e uma série de outros fatores ou variáveis vão mudar também. Um tempo atrás, Mary estava atravessando a menopausa. De repente, a coberta que a vida toda foi presente na nossa cama sumiu. Estávamos no Rio de Janeiro, então pensei logo em assalto. O ar-condicionado estava ligado, temperatura no 17°C e a coberta sumiu assim? Olhei para o lado e ela estava reclamando do calor. Eu não entendi nada, mas ela estava passando por um processo de mudança que mexe muito com as mulheres física, emocional e psicologicamente.

Às vezes a gente fica mais ranzinza ou o homem que não roncava passa a roncar tão alto que a mulher precisa comprar um abafador para dormir ao lado dele. E você tem que aprender a lidar com essas coisas, ajustar esses conflitos de interesses. Mas fica o aviso: cuidado para não pegar interesse dos outros ou de segundo ou terceiros e trazer como primário.

Certa vez, eu vi a Mary saindo uns cinco minutos antes de o culto acabar. Pensei: *Foi para o gabinete, talvez esteja com dor de cabeça.* Então, alguém me perguntou onde estava a pastora e eu respondi que no gabinete, mas descobri que ela tinha ido embora. Só que há um protocolo combinado, no qual a gente sai junto. Falei: "Acho que foi adiantar o jantar". Eu não ia me mostrar desinformado diante de todos, né?

Mas fiquei uma fera, afinal havia o combinado. Cheguei em casa, subi as escadas, olhei para ela deitada no sofá e disse: "Querida, você avisou a quem que iria embora mais cedo? Ninguém me informou". Ela respondeu: "Ninguém". Quando ela falou, eu já saí de perto, porque aquilo me deixou bravo e eu sabia que era melhor eu me distanciar. Eu não compreendi o motivo de ela sair mais cedo; às vezes ela precisou, mas também fiquei chateado de não ter sido avisado. Porém, quando todos seguem um combinado determinado, a gente evita essas coisas.

São 31 anos juntos, então a gente aprende a interpretar as bandeiras vermelhas. Às vezes, eu chego em casa e ela está de cara feia. Eu nem me aproximo porque a Bíblia diz para fugirmos da aparência do mal. Eu já a conheço e ela também me conhece, sabe quando as coisas não estão boas. Afinal, nós temos uma afinidade muito grande. E quando eu estou lá no quarto e escuto uma voz suave que me diz: "Amor, quer comer alguma coisa?", a minha inteligência emocional me diz assim: "Ela está pedindo perdão, Cláudio". E por que não perdoar? Quando você começa a entender o modelo da pessoa, as coisas ficam mais fáceis.

Quantas mulheres gostariam de ganhar flores três vezes por ano? Proteção faz exceção. Agora, quantos homens foram treinados em lares em que o avô mandava flores para a avó, o tio para a tia, e o pai para a mãe?

Você levaria seu carro de luxo para o médico consertar? Não, porque não é a especialidade dele. Você procura ambientes que tenham credibilidade e nos quais se sinta seguro. Quando você ganha uma grande soma de dinheiro, vai procurar um bom especialista na área financeira para investir, certo? E por que quando o assunto é o seu casamento, você pede conselho a qualquer um? Tem a ver com o nível de importância que você dá ao seu relacionamento? Por causa do nível de importância que você dá, mesmo de modo inconsciente, acaba não valorizando seu casamento.

Sou convertido há 32 anos, há vinte busco ajudar pessoas e, acredite, mais de 80% das pessoas que se divorciam e se casam de novo, mais maduros, me dizem: "Pastor, posso ser franco com o senhor? Se eu tivesse a

REVEJA SEU COMPORTAMENTO

maturidade que tenho hoje, meu casamento anterior não teria acabado. Não estou reclamando do atual, mas digo para o senhor que, se eu tivesse a habilidade que tenho hoje, o anterior ainda estava de pé".

Por isso, a mensagem que deixo aqui hoje é esta: fortaleça você primeiramente, respeite e entenda as diferenças entre vocês dois, seja flexível. Esse é caminho para quem deseja valorizar e priorizar o casamento.

> **Há um propósito em melhorar a vida das pessoas. Deus não tem problema nenhum com crescimento e enriquecimento individual também. Mas o corpo de Deus sempre é coletivo, é sempre o povo, o reino, a Igreja. Não prometa nada que você não possa cumprir. Que possamos aproximar pessoas, aproximar casais e fortalecer famílias. Que os nossos lares sejam moradas do Espírito Santo, que Deus abençoe aqueles que estão em busca de um relacionamento e que eles consigam atingir seu propósito com sucesso."**

capítulo 5
NÃO FUJA DE CON- VERSAS DIFÍCEIS

por Joel Jota e Lalas Cieslak

> Quando o versículo Atos 16:31[9] diz que você e sua casa serão salvos, isto está condicionado à sua fé e ao quanto você crê em Jesus Cristo. Sua família precisa confiar plenamente em Jesus, pois Ele é o único caminho para a salvação. Então, ensine isso aos seus filhos desde o ventre, para que a alma deles saiba que há um propósito para ser vivido e que Deus cuidará de todo o resto.

---

9 LEMOS, V. *op. cit.*

Joel e eu, Lalas, estamos aqui hoje para falar de vida real, sem pintar uma vida perfeita que em boa parte das vezes é falsa. Vamos intercalar relatos para apresentar a você a nossa experiência de vida conjugal. Somos pais de três filhos e eu estou há cinco anos usando a fila preferencial porque faz cinco anos consecutivos que eu amamento.

Juntos, criamos a quarta do chamego. Desde quando namorávamos, estabelecemos que todas as quartas-feiras iríamos sair sem celular para aproveitar, nada de falar de trabalho. Era para ter um momento só nós dois e para que a gente não falasse só de trabalho – até porque trabalhamos juntos.

Apesar dos hobbies, normalmente saímos para comer. Às vezes, vamos ao cinema, mas o objetivo é que tenhamos um tempo para conversar sobre a vida, os sonhos e também sobre nós, nossos filhos, nossa família. Como disse, no início, não levávamos celular. Mas aí, quando os meninos nasceram, a gente percebeu que isso não seria possível.

Na prática, sabemos o quanto esse dia é importante para nós dois. Mas, na vida real, que é sobre a qual viemos falar aqui, vira e mexe nos esquecemos da quarta do chamego. E por que isso acontece? Porque o trabalho consome a nossa mente.

Então, a quarta do chamego não é uma coisa tão poética como pode parecer. A gente criou para proteger a nós mesmos, já que somos *workaholics*. Se um não lembra o outro, debandamos fácil para o trabalho e esquecemos.

Crescemos mais ainda como casal com a chegada dos nossos filhos. Na nossa casa, temos uma máxima: os nossos filhos não estão em primeiro lugar. Vejo muitos pais colocando os filhos no topo, mas lá em casa não é assim. Meu filho depende de mim. Quem está em primeiro lugar é a nossa família. Os meus filhos fazem parte da família, mas não são a família. Família é um conjunto: eu, meu esposo e eles. E eles, quando crescerem, vão seguir suas escolhas e ir embora, é natural. Esses casais que colocam os filhos em primeiro lugar, quinze anos depois, olham um para o outro e se perguntam como foi que se perderam. E só então se dão conta de que podem sair juntos, viajar sem as crianças. O ponto é: é possível recuperar esse tempo e essas trocas?

Cuide da sua esposa

A mulher, quando descobre que está grávida, imediatamente vira mãe. Os homens não viram pai logo de cara. Falam sempre que a ficha vai cair depois. No meu caso, me falaram que isso aconteceria quando o meu filho nascesse. E aí eu fiquei esperando o João nascer. Mas, então, depois de um parto natural que não tem nada de bonito, peguei o meu menino no colo e pensei: *Ué, cadê a ficha?* A ficha é muito diferente para o homem.

A conexão que eu esperava ter não aconteceu de imediato, como a gente sabe que ocorre com a maioria das mulheres antes mesmo de ver o filho, ainda na gestação. Essa diferença é um fato, não é preciso se sentir culpado ou romantizar o que dificilmente vai acontecer. Eu sou sócio da minha esposa: eu mando em tudo e ela manda em mim. Eu sou a cabeça da relação. Ela é o pescoço da relação e é assim que as coisas são, eu reconheço. E eu reconheço isso numa boa, com tranquilidade. Mulheres são melhores do que homens. Elas simplesmente são melhores. Se eu não tivesse uma esposa, não daria conta de tudo.

Os filhos estão em primeiro lugar? Para mim, não. Eu entendi que, quando a mulher engravida, você não precisa pensar na criança. A mãe já pensa e você precisa pensar na mãe. Então, em alguns momentos, a mãe deve estar em primeiro lugar.

É bem mais difícil para a mulher. Tem um hormônio no corpo delas chamado prolactina, que é responsável pela produção de leite. E esse hormônio influencia a libido, que desmorona. A mulher fica sem vontade de fazer sexo. O homem se esconde, espera, preserva a mulher no primeiro filho. Não é para menos: além de a prolactina estar nas alturas, o sono fica todo desregulado, os hormônios ficam doidos e a criança lá, firme e forte, sugando o peito e drenando a energia física, emocional e espiritual da mulher. É uma loucura.

Você acha que o índice de divórcio durante o primeiro ano de vida do filho é alto ou baixo? É alto e por dois motivos. Primeiro, tem a ver com a fisiologia do corpo da mulher.

Segundo, com falta de conhecimento. Então, sugiro que, se estiver pensando em ter outro filho, faça um contrato do tipo: "Não vamos nos separar no primeiro ano". E se você vir um casal passando por isso, não se deixe influenciar.

Mulheres passam por muita coisa, em especial quando se tornam mães. É por isso que digo: "Homens, por favor, cuidem da sua esposa. Não cuidem só da criança".

Quando tivemos nosso segundo filho, revezávamos quem dormia com quem. Eu ficava com o mais velho e a Lalas, com o recém-nascido, Joaquim. Naquela época, eu estava treinando para o Ironman. Eram três horas de treino por dia durante a semana e seis horas nos finais de semana.

Um dia, resolvi dormir com o Joaquim. Naquela noite, ele chorou doze vezes. Foi quando me dei conta de que ela não dormia direito havia três anos. Ali mesmo decidi não fazer o Ironman, e ela certamente agradeceu.

Muitas pessoas me criticaram: "Joel, você é o cara que fala da resistência, da disciplina, da performance. Não vai fazer o Ironman?". Não. Minha esposa precisava de mim. De que adianta fazer a prova total do Ironman se eu não vou ver os meus filhos na linha de chegada? Eu não vou me divertir.

Então nos sentamos para conversar e lhe perguntei por que não havia me dito que estava sendo tão difícil. Lalas me respondeu que não queria atrapalhar o meu sonho. Mas a verdade é que, sem ela, não há sonho.

Escolhi a minha família e não me arrependo nem um pouco.

Meu pai não foi um excelente marido, ele fez muita besteira. E é justamente por ter visto certas atitudes dele, que hoje reprovaria, que faço questão de agir de modo diferente. Se há na sua família exemplos de maus pais, é aí que você deve ser o bom exemplo. Temos que educar nossos filhos, mas também treiná-los com nossas ações. E isso é um grande desafio.

Tempo de qualidade com os filhos

Nós temos três filhos: João, Joaquim e Pedro. Fazemos de tudo para equilibrar os pratinhos, então, para ajudar, hoje contamos com uma equipe muito boa na empresa. Assim, eu consigo ficar a parte da manhã inteira em casa com eles. No período da tarde, eles vão para a escola ou ficam com a babá e eu, sempre que posso, vou para a empresa.

Tento alinhar as agendas, levar para a escola, buscar na escola, fazer uma rotina de banho, de dormir. Mas tem dias que não consigo, claro. Aí eu explico para o João, que é quem entende. Da mesma forma que eu o deixo na escola e ele fala tchau e diz que adora os amigos, eu falo também que é importante para a mamãe trabalhar. É importante para uma mãe ir para um evento. Eu também gosto de ficar com os meus amigos. Então, conversamos muito, tentando mostrar os dois lados, mesmo que nem sempre dê certo. Tem dia que tem muito choro, tem dia que eles só querem ficar comigo e dias que só querem ficar com o Joel. Mas, inevitavelmente, a gente acaba abdicando, sim, de, por exemplo, dormir mais.

O fim de semana hoje é muito do Joel, principalmente por não trabalhar nesses dias. Então, esse é o momento da família. É o dia que vamos tomar café da manhã, almoçar, fazer lanchinho, jantar e dormir juntos. Quando é possível, nós os levamos nas viagens também. Prezamos ao máximo o momento de brincar com eles, de estar com eles – tempo de qualidade. É desafiador, mas altamente gratificante.

O PODER DA FAMÍLIA

Com quem você pode contar?

Eu, Joel, quando tenho uma conquista na vida, para quem primeiro ligo? Para ela. E quando estou triste? Para quem é a primeira pessoa que eu ligo quando eu estou com dúvidas? A quem peço um conselho? Quando estou com medo, quem é a pessoa na qual confio para compartilhar a insegurança? Sempre ela. Lalas é minha esposa, minha amiga, minha mentora, minha sócia.

Talvez você esteja se perguntando como dividir a vida pessoal da profissional. Bem, eu não divido. Eu não tenho vida pessoal e profissional, eu só tenho a minha vida. Esse negócio de "Cheguei em casa, agora não vamos mais falar de trabalho" não funciona para mim. Eu acho que quem fala isso deveria dar um curso para ensinar como fazer.

Lalas e eu adotamos a seguinte atitude: falamos de trabalho dentro de casa, mas temos muito cuidado com o que dizemos. Sentar-se à mesa com as crianças, por exemplo, bravos, afirmando que está desafiador, que o meu time está fraco, ou expondo brigas de dentro da empresa não é o indicado. As crianças vão absorver isso, elas prestam atenção a tudo.

O problema não é falar de trabalho, mas o que você vai falar sobre ele. Caso contrário, seus filhos vão crescer achando que trabalhar é algo ruim, ou que essas coisas deixam você triste, chateado, irritado quando não saem do jeito esperado.

> O problema não é falar de trabalho, mas o que você vai falar sobre ele. Caso contrário, seus filhos vão crescer achando que trabalhar é algo ruim, ou que essas coisas deixam você triste, chateado, irritado quando não saem do jeito esperado.

O PODER DA FAMÍLIA

Não fuja das conversas difíceis

Tenho 5 milhões de seguidores nas redes sociais. Imagine quantas perguntas sobre relacionamento chegam para mim. Grande parte delas vem de homens e mulheres expondo o próprio relacionamento. Um exemplo: "O que eu faço com o meu marido? Ele não quer nada com nada. Só joga videogame. Não guarda dinheiro e fica no sofá o dia inteiro". Esse tipo de mensagem me tira do sério. A primeira coisa que penso é: *Como é que você se permite falar isso do marido para uma pessoa que nunca nem viu na vida?* Homens também fazem isso, me perguntam o que "fazer" com a namorada deles. A verdade é: se vira, cara! Aliás, vira homem! Pois quem expõe a mulher desse jeito é moleque, não homem.

É impossível, em três linhas de caixinha de pergunta, eu saber sobre a vida de alguém ou mesmo dar uma solução para o problema. Quem escolheu a namorada não fui eu! Foi outra pessoa. Então, ela é quem deve saber como se portar.

Fico bravo quando vejo influenciadores fazendo um textão nas redes sociais sobre a vida alheia, dizendo que a pessoa deve fazer A ou B. Eles não sabem o que estão falando. A verdade é que a única pessoa que sabe sobre a sua vida é você. Perceba: a questão aqui não é você querer trocar uma ideia comigo (ou com qualquer outra figura pública), mas, sim, pensar que eu, Joel, por exemplo, tenho que dizer o que alguém deve fazer e ainda saber qual vai ser o desdobramento da situação.

NÃO FUJA DE CONVERSAS DIFÍCEIS

> **Por que as pessoas pedem conselhos? Porque elas não têm coragem de ter uma coisa chamada conversas difíceis. O que falta não é conversa mas sim conversas difíceis sobre assuntos que causam dor ou discordância. Nenhum relacionamento termina do dia para a noite. Os problemas vão acumulando e não os resolver é armar uma bomba-relógio que, cedo ou tarde, vai explodir."**

É preciso ter conversas difíceis. É um relacionamento. Duas pessoas estão nessa relação. E essas duas precisam enfrentar assuntos desconfortáveis. Se o seu marido está bebendo cerveja todos os dias, torrando todo o dinheiro da família, não fazendo nada em casa, só no sofá jogando videogame: sente-se com ele e converse. Exponha o que você pensa daquilo. É assim que vocês dois vão resolver a questão.

A primeira conversa difícil que eu tive com a Lalas foi sobre casamento. E foi exatamente assim que aconteceu conosco. Nos sentamos para conversar e nos perguntamos: vamos casar? Vamos. Ok, decidido. Então, vamos comprar uma casa? Sim. Você tem dinheiro? Então bota o dinheiro na mesa aí para ver quanto podemos investir na casa. Nessa hora, fui humilhado. Ela tinha 90% da casa. A primeira coisa de que me lembrei foi a criação dos meus pais, em que o homem era o provedor. Aquilo mexeu comigo, me senti mal. Mas seguimos em frente e assim começou a nossa vida de casados. Construímos a caminhada em comum deste jeito: com conversas difíceis.

Outra conversa difícil que tivemos: quando nos casamos, ela me perguntou: "De quem é o dinheiro?". Eu respondi que era nosso. Ela falou: "Então eu cuido". (Aproveito para dizer uma coisa para você, porque acredito que homenagem se faz em vida. Se eu estivesse sem você, Lalas, eu estaria bem. Mas com você eu estou infinitamente melhor. Obrigado, amor.)

Voltando. Então, primeiro desafio: Lalas ficou incumbida de cuidar do nosso dinheiro. Segundo desafio: a sociedade. Eu estava empreendendo e uma das primeiras coisas que ela me disse foi: "Olha só, eu não sou empreendedora e odeio esse negócio que você faz. Eu sou engenheira". A cada mês que passava, eu fazia um pouco mais de dinheiro que no anterior. Eu mostrava os resultados a ela, como era a minha vida de empreendedor. Foi assim que Lalas começou a prestar atenção na minha atividade e ver o quanto estávamos somando para o nosso lar. Ela viu que aquilo estava fazendo sentido. Um dia, resolveu se demitir e saiu do regime CLT. Eu falei para ela: "E aí, vem comigo?". Ela foi.

Respeito e conversa

Quando me demiti, eu falei: "Vamos pensar, organizar o que vamos fazer". Mas ele já tinha muitos resultados e, até então, naquele momento, eu o estava ajudando. Eu não tinha assumido o papel que eu queria e nós ainda não tínhamos conversado sobre isso. Então eu ficava com o administrativo-financeiro da nossa empresa, que o Joel tocava, mas quando precisava de alguma coisa, eu fazia. Quando precisava resolver algo, eu ia lá e resolvia. Mas eu estava só ajudando. Não estava cumprindo um papel definitivo.

Muita atenção aos casais que também são sócios. Quer realmente ser levado a sério? Não use a palavra ajuda, pois ela está errada. "Eu estou ajudando você com isso." Eu não estou pedindo a sua ajuda. A frase é "sou sua sócia, sou seu sócio". Registre a sociedade, com clareza de papéis.

> A verdade é que a única pessoa que sabe sobre a sua vida é você.

O PODER DA FAMÍLIA

No dia em que decidimos ser sócios, eu o provoquei: "Não confia em mim?". E ele me disse: "Verdade, não confio em você. Mas quero confiar". Era Joel quem colocava o dinheiro na empresa, e eu administrava e potencializava o valor. Ele, então, completou: "Não vou mais tocar nesse assunto nos próximos noventa dias. Eu quero X na conta". Eu concordei e selamos o momento com um aperto de mãos. E, noventa dias depois, eu lhe mostrei os resultados: havia o montante que ele pedira e mais 50%.

Os desafios foram vários. Mas temos uma máxima lá em casa que ajuda muito nesses momentos: ninguém pode dormir brigado. Sempre resolvemos a questão no mesmo dia, nada de deixar para o dia seguinte. Caso contrário, algo pequeno pode se tornar enorme, desproporcional ao problema inicial. Aprendi isso com a minha mãe e a minha avó, e foi maravilhoso implantar lá em casa.

Ninguém é perfeito. Todos têm defeitos. É por isso que temos que valorizar as qualidades. Em alguns momentos, Joel tem atitudes que me deixam estática, não acreditando no que ele está fazendo. Só que, poxa, eu tenho que valorizar as qualidades. Eu não vou ver apenas os defeitos dele, pois também tenho muitos. Ele provavelmente também vai ficar chateado com alguma atitude minha. Nenhuma relação vai para a frente quando a pessoa foca apenas o defeito do outro.

Quando vejo pessoas que estão casadas há muito tempo, eu pergunto como é que elas fazem para conseguir isso. Sempre aparecem duas palavras: respeito e conversa. Existem pesquisas[10] que comprovam que o jeito com que

---

[10] SALEH, N. Seu casamento vai durar? Especialistas conseguem prever com apenas duas perguntas. **Revista Crescer**, 29 nov. 2016. Disponível em: https://revistacrescer.globo.com/Familia/Sexo-e-Relacionamento/noticia/2016/11/seu-casamento-vai-durar-especialistas-conseguem-prever-com-apenas-duas-perguntas.html. Acesso em: 15 fev. 2023.

casais se tratam gera uma probabilidade altíssima de eles estarem juntos ou não. Tem uma pesquisa de alguns anos da Universidade da Virgínia, nos Estados Unidos, na qual os pesquisadores conseguiram, em um minuto, prever as chances de se manterem casadas ou não só pelo jeito que as pessoas se tratam, ou seja, pelo cuidado, carinho e paciência.

Joel e eu conversamos muito e, principalmente, respeitamos as nossas diferenças. O Joel cobra muito de todo mundo. Ele tem esse padrão de ser um líder, de ser uma pessoa que cobra performance das outras. E eu já entendi que, se ele cobra das pessoas, ele vai cobrar sim de mim. Sei que talvez eu seja a pessoa mais cobrada de todas, e está tudo bem. Porque entendo o perfil dele e se temos um relacionamento extraempresa, além de tudo, ele também conhece as minhas fraquezas. E ele sabe que eu posso mais. Então, querendo ou não, dentro da empresa, eu já entendi que às vezes ele me fala alguma coisa ou cobra algo que, com certeza, não iria falar para nenhum outro tipo de colaborador.

Eu já entendi, no entanto, que ele é meu sócio e está me cobrando porque sabe que eu consigo. E também porque temos o mesmo propósito. Sobre as falhas, eu acho que o melhor caminho é conversar também. Não tem outra forma, é uma coisa que sempre tentamos seguir. Se está difícil, vamos conversar.

Essa cobrança entre nós dois é direta e sem frescura nenhuma. Se estamos em uma reunião de empresa, algumas pessoas que não são tão íntimas de nós ficam nos olhando, meio que com medo. Elas acham que realmente estamos brigando, mas o que fazemos é discutir de igual para igual, porque eu sou a CEO da empresa. O Joel é o estrategista, o funcionário e a marca.

Então, muitas vezes, existem coisas que ele quer, mas que eu preciso negar, bater o pé. E discutimos em prol de resolver. Aí os dois cedem em um ponto de equilíbrio, afinal, queremos a mesma coisa: resultados, performance e crescimento da nossa empresa. Como sócios, não tem nenhuma vantagem em um querer provar para o outro que está certo.

Viemos do esporte, então desde muito novos lidamos com pressão. Temos em nosso DNA a capacidade de entender o que há por trás dessas conversas difíceis. Tanto que, depois de uma reunião tensa, viramos um para o outro e falamos: "Bora tomar um café?".

Mulheres têm o poder nas mãos

Respeito e admiração. Esperar a hora de falar ou ter cuidado, então, é uma coisa que não acontece em todas as famílias. Temos que cuidar. Eu amo o meu relacionamento, mesmo cheio de dificuldades. Eu gosto da minha esposa do jeito que ela é, porque eu entendi, aprendi.

Quando alguém fala para mim sobre dificuldades no relacionamento, só posso contar a minha experiência com o meu. Não sou especialista em relacionamentos. Sou especialista em outro assunto, mas meu conselho seria o seguinte: feche os olhos. Projete-se para daqui a um ano. Nesse cenário, sua esposa vai estar contigo? Se a sua resposta for "lógico!", então lute! Resolva o que tem para resolver e se projete para daqui a cinco, dez anos. Seu marido vai estar com você? "Com certeza!" Então resolva a situação. Não existe plano B.

Todos os meus filhos são um milagre. Todos. Minha esposa também. O milagre da minha vida, todos eles. Quando meu primeiro filho nasceu, falei: "Uau, eu sou pai". Quando meu segundo filho nasceu, pensei: *Cara, temos uma família. Demos certo.* Quando descobrimos que teríamos nosso terceiro filho, pensei: *É para sempre. O mundo pode desmoronar e eu não vou largá-los nunca!*

NÃO FUJA DE CONVERSAS DIFÍCEIS

A Lalas resolveu várias questões da minha cabeça, me aturou muito. Por isso que eu tenho certeza de que mulheres são diferentes e melhores do que homens. Elas são muito mais sensíveis, muito mais espertas, ligeiras. Elas são, sim, sábias.

Uma mulher sábia constrói um império. Você, mulher, que está lendo este livro, sabe disso, não sabe? Você está com o poder nas mãos.

NA PRÁTICA

Como tem sido as conversas na sua casa? Você e sua esposa ou marido conseguem conversar sem que hajam agressões verbais, apontamentos apenas dos defeitos e de modo que um escute o outro?

Escreva abaixo quais foram os seus aprendizados com este capítulo e, se sentir-se confortável, quais foram as conversas mais difíceis que vocês já tiveram. Como se sentiu? O que mudaria se tivesse a chance de conversar de novo sobre o mesmo assunto? Sua postura seria a mesma?

_____
_____
_____
_____
_____
_____
_____

capítulo 6

A FAMÍLIA VEM NO PACOTE

por Kaká Diniz

"Dois se unem e se tornam um. Desta união, surgem filhos, netos e, assim, uma grande família. A família é o sinal do favor de Deus sobre todos nós. Como escrito em Gênesis 1:26-28,[11] a família agrada os olhos de Deus, Ele viu que era bom. A família é um projeto de Deus; dessa forma, a nossa descendência é passada de geração em geração. Seja a sua família grande ou pequena, simples ou com boas condições, Deus te colocou na família certa! Valorize a sua família, invista nela."

---

[11] 7 PASSAGENS bíblicas sobre família. **BíbliaOn**. Disponível em: https://www.bibliaon.com/passagens_biblicas_sobre_familia/. Acesso em: 21 set. 2023.

Este projeto, para mim, é como se fosse o cumprimento de um propósito. Deus fala muito sobre a nossa vida, sobre famílias, sobre criar a referência para as pessoas entenderem o caminho. O norte, a bússola para ter um casamento bem-sucedido. E o Joel falou uma coisa muito sensacional: não é sobre falar aquilo que as pessoas querem ouvir, mas as verdades, porque no relacionamento dificilmente estamos prontos para ouvir o que as verdades têm a dizer.

Depois de trinta dias de namoro, eu me casei com Simone. Por incrível que pareça, ela insistiu durante esses trinta dias. Só que eu não sabia que, no pacote, vinha uma sogra. Brincadeira! Eu sempre fui muito próximo da minha sogra. E, se você quiser continuar casado, esse é o caminho.

O PODER DA FAMÍLIA

Vou contar para você a primeira vez que orei pela mãe dela. Eu estava no Rio de Janeiro para uma reunião. Havia levado dois amigos comigo e, na volta, eu, que normalmente fico sentado no banco que dá para a porta do avião, me deitei. Seriam cinquenta minutos de voo, mas dormi apenas nos primeiros vinte, pois acordei com um barulho muito alto. Em um treinamento de aviação, o que mais se aprende é pane simulada. Quase 90% do treinamento para pilotos é pane simulada. O piloto é exaustivamente treinado para lidar com essa situação. Então, o procedimento é desligar o motor, pousar e religar o motor.

Dificilmente, eu sentiria medo de passar por uma situação do tipo, pois conhecia o procedimento. Mas, naquele dia, tive medo. Não sei se você sabe, mas quando o avião é pressurizado, é como pegar uma câmara de ar e começar a injetar ar dentro dela. A pessoa fica comprimida dentro do avião, e em qualquer brecha que exista para o ar vazar, ele vai embora. Então, quando a pressurização cai, você fica sem oxigênio.

O barulho que eu havia escutado tinha a ver com isso. Há uma borracha que infla quando a pressurização entra, que é justamente para não deixar o ar vazar pelas brechas da porta. Foi essa borracha que estourou no meio do voo e que me fez acordar desesperado.

O piloto me pediu calma, avisando que verificaria o que havia acontecido. Foi constatado que a borracha havia rasgado. O ar estava saindo. A pressurização começou a baixar. O piloto diminuiu a altitude, porque senão ficaríamos sem oxigênio. A máscara de oxigênio caiu.

Tudo isso já vi acontecer inúmeras vezes em meus treinamentos. Mas quem disse que eu me lembrei do que aprendi? Eu me agarrei à poltrona do avião, com medo de a porta arrebentar e me sugar para fora. Tudo o que eu

A FAMÍLIA VEM NO PACOTE

conseguia pensar era: *Senhor, será que chegou o meu dia? Não é possível.*

Acho que nunca fiz uma oração com tanta fé como naquele dia. Fechei meus olhos. Passou um filme de várias pessoas que sofreram acidente de avião e morreram. Me concentrei em afastar aqueles pensamentos e orei: *Senhor, se for hoje o meu dia, cuide do meu filho, que tem só 8 anos. Que ele cresça um homem de Deus. Pai, mostre princípios e valores corretos para ele ter uma vida saudável. E minha filha, Pai, ela não tem nem 2 anos. Cuide dela. Dê sabedoria para Simone conduzir nossos filhos e passar pela crise. É uma mulher de Deus. Peço também que a Simone nunca mais se case na vida* – eu chorei de verdade nessa parte.

O avião pousou, e corri para casa. Chegando lá, minha sogra estava na cozinha com a Simone, e eu lhes contei a oração que fiz. Simone achou graça do meu desejo de ela não se casar de novo, e comentou que nesses casos temos que orar pela mãe também. Minha sogra me olhou e disse uma besteira: "Pois eu não quero viver muito mesmo, queria estar dentro desse avião". Então, eu orei pela minha sogra: "Senhor, escute a oração da Sua filha. Pai, se for da Sua vontade, conceda a ela esse desejo. Se não for, deixe-a quieta".

Essa é uma das coisas que aprendi. Eu falo de sogra brincando. Muita gente se identifica com isso, pois se vende no mundo uma imagem de sogra-bruxa. Mas há pessoas que têm a sogra como uma mãe, o sogro como um pai. Cunhados às vezes viram mais irmãos do que os próprios. Eu, por exemplo, convivo mais com o Caio do que com meu irmão.

Quando casamos, temos que ter consciência de que a família do cônjuge vem junto no pacote. Você não se casa só com sua esposa, se casa com a família dela. E como é difícil conviver, não é mesmo?

> Não é sobre falar aquilo que as pessoas querem ouvir, mas as verdades, porque no relacionamento dificilmente estamos prontos para ouvir o que as verdades têm a dizer.

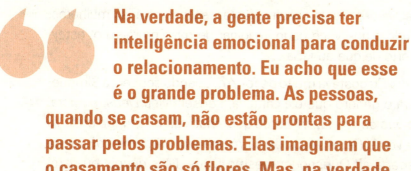
"Na verdade, a gente precisa ter inteligência emocional para conduzir o relacionamento. Eu acho que esse é o grande problema. As pessoas, quando se casam, não estão prontas para passar pelos problemas. Elas imaginam que o casamento são só flores. Mas, na verdade, boa parte do seu relacionamento vai ter mais problemas do que momentos de alegria."

Entrando e saindo do vale

Talvez você passe por dificuldades financeiras. Eu e a Simone passamos e, principalmente, eu passei.

Já casado com ela, passei por um vale muito grande. Quando fomos comprar nossa primeira casa, ela tinha 100% do valor, eu não tinha nem previsão de quando ia ter. E só assim você começa a compreender que o casamento não é uma divisão perfeita, mas que é lindo viver com alguém pelas suas imperfeições e tentar construir algo perfeito. Principalmente quando você tem uma pessoa do seu lado que lhe estende a mão para ajudá-lo a crescer. Não tem coisa melhor.

Eu vim de uma vida totalmente louca. Eu trabalhava em um escritório de assessoria ambiental que prestava serviço para empresas que plantavam loteamentos no estado do Ceará. Eu ganhava bem mais do que ela naquela época, mas vivia uma vida totalmente deslumbrada. Bebia demais, falava demais, ia a muitas festas, saía com várias mulheres. Tudo o que você pode imaginar de mais promíscuo, esteja certo de que eu fazia.

Eu gostava muito de forró e, quando conheci a Simone, era o gênero que ela cantava. Pensei: *Meu Deus, e agora, o que eu vou fazer? Estou querendo sair do mundo do forró e Você, Deus, a coloca na minha vida. Alguma coisa está errada aí!* Questionei mesmo Deus. Mas depois eu parei de questionar a Deus e passei a perguntar por que ela havia cruzado o meu caminho.

Deus estava esfregando o preconceito na minha cara. A pessoa de quem eu mais tive preconceito de começar a me relacionar, pela qual me apaixonei e com quem estou há dez anos casado foi a que me apresentou a Jesus, com 27 anos. Ela me convidou para visitar a igreja que frequentava. Quando coloquei os pés dentro do local, eu só sabia chorar.

Começou o louvor e eu chorava. O pastor começou a pregação e continuei chorando ao longo dela. No fim do culto, o pastor fez um apelo para aqueles que sentiam no coração a vontade de aceitar Jesus. Eu me levantei e fui lá para a frente. O pastor me disse: "Deus me falou que hoje você estaria aqui pela primeira vez para aceitar o Seu Filho como seu Salvador".

A partir de então, minha vida foi completamente transformada.

Mas o vale ainda estava por vir.

Um ano depois, a Simone engravidou do Henry. Ela estava no comecinho da carreira e fomos para Goiânia, onde ela passou a cantar sertanejo. Nessa época, comecei a me afastar do escritório. Meu sócio se irritou com aquela atitude e, em determinado momento, nossa relação ficou insustentável. Precisei terminar a sociedade.

A FAMÍLIA VEM NO PACOTE

Passei a viver em Goiânia com o dinheiro que eu tinha guardado. Mas como é que eu viveria assim se a vida toda eu só gastava? Simone me viu no meu momento mais baixo. Desempregado, desocupado, sem dinheiro. E isso é muito difícil para um homem, que cresce com a crença e a pressão de ser o provedor do lar. Só que quando se tem uma mulher maravilhosa do seu lado, em vez de pisar em você nesse momento de vulnerabilidade, ela estende a mão para levantá-lo, para ficar nivelado com ela, para você saber o valor que tem.

Simone me deu uma oportunidade de emprego naquele dia. E eu tomei uma decisão ali mesmo. *A partir de hoje, eu vou mudar a história da nossa família.*

Comecei ganhando 1,5 mil reais com a Simone. Depois, passei a ganhar 2,5 mil reais fazendo a logística dos shows. Então, eu passei a ganhar 5 mil; depois, 10 mil. Um tempo depois, foi a vez de a Simone trabalhar para mim. Quer dizer, ela era minha agenciada. Veja como são as coisas da vida.

Estar presente

Quando eu compreendi o que é viver a dois, entendi que precisava me aprofundar nisso. Busquei mais conhecimento. Fiz cursos para compreender o que é essa convivência. Neles, aprendi tudo o que você não deve fazer em um relacionamento. Entendi quais são os princípios que regem a nossa vida, quais valores determinamos para o dia a dia, quais comportamentos e características nos norteiam, e como tomar decisões corretas.

Um princípio do qual não abro mão é: tempo de qualidade com a família. Não troco isso por absolutamente nada. Por nenhum negócio ou dinheiro do mundo. Se você me

O PODER DA FAMÍLIA

chamar para uma reunião que renderá uma fortuna, mas que aconteceria no fim de semana que eu tenho com minha família, eu não vou.

Esses dias, sem querer, até quebrei esse compromisso pela primeira vez. Permiti que a minha mãe, que cuida da minha agenda, marcasse palestras em certas datas sem me atentar que se tratava de um fim de semana. Eu me senti bem mal com a situação.

Meu coração doeu tanto que liguei para a minha psiquiatra, pensando que estava ficando doente. Nunca havia sentido aquilo na minha vida. Conversamos muito, e ela me mostrou que às vezes eu preciso me permitir algumas coisas, mas sem deixar que isso vire uma regra.

Em todo caso, passar tempo de qualidade com a minha família é primordial.

Certa vez, precisei passar vinte e um dias na Europa. E a minha maneira de conquistar o amor da minha família era trazendo presentes para eles.

Eu estava em Lisboa, e comprei um estacionamento do rock. Um trambolho enorme. *Meu filho vai amar isso!* De volta ao Brasil, comecei a montar o brinquedo. Quando meu filho chegou da escola à tarde, fiquei ansioso esperando a reação. Mas ele entrou, só olhou o estacionamento e disse: "Que legal!". E, então, pegou na minha mão e disse: "Vamos jogar bola comigo?". Eu o olhei de cima: "Jogar bola? Filho, olha o brinquedo que eu trouxe para você!". Ele: "Não, pai, eu sei. É legal, mas eu quero brincar com você".

Eu entendi com isso que não podia comprar o amor do meu filho nem o da minha esposa com presentes, porque eles não queriam o melhor presente. Eles me queriam presente.

> **Se você não consegue dialogar com o seu parceiro ou parceira, dificilmente terá um relacionamento saudável.**

O PODER DA FAMÍLIA

Casamento saudável é feito de acordos

Escutei muitos conhecidos dizerem: "Ah, casei. Se der errado, separo". Sabe o que acontece quando se pensa assim? Você manda a informação para o seu cérebro que, a qualquer problema que tiver no relacionamento, a primeira coisa a se fazer é separar. Funciona como um botão de emergência. Aí, quando algo não sai conforme o esperado, você aciona o botão. Não é assim que deve ser!

Viver com o outro é difícil, é um processo de aprendizado diário, e você não conseguirá fazer isso se ficar apertando o botão de emergência. Casamento se constrói aos poucos. E Simone e eu encaramos o nosso como um projeto arquitetônico.

Em um curso do qual participamos, tivemos que desenhar tudo o que queríamos e o que não queríamos como casal. Quando vamos projetar uma casa, o que fazemos? Primeiro, delimitamos a metragem, o número de cômodos. Aí, tem quem vai dizer que quer um closet maior, enquanto outros preferem dividir o closet e transformar parte dele em uma sala de jogos. Então, uma pessoa vai tentar convencer a outra, até que entrarão em um acordo. Casamento é isso. É acordo. Se você não consegue dialogar com o seu parceiro ou parceira, dificilmente terá um relacionamento saudável. Foi assim que Simone e eu passamos a construir os acordos do nosso relacionamento.

Um princípio que não pode ser quebrado é a construção de uma relação baseada no diálogo. E você não consegue conviver com o tripé da relação se ambos não estiverem completamente ligados à sua identidade. O segundo ponto é o outro, e o terceiro ponto é o meio. Você não consegue se relacionar com o meio sem antes se relacionar com o outro. Só que você também não se relaciona com o outro sem antes descobrir sobre a própria identidade, sobre como se relacionar consigo."

Autoconhecimento é fundamental

Precisamos aprender sobre nós mesmos, nos conhecer. Muitos casamentos dão errado porque as pessoas nunca tentaram refletir sobre o passado. Um exemplo: certo dia, percebi que estava impaciente com meu filho. Ele estava sendo repetitivo, falando o que queria. Em determinado momento, eu parei de reagir e respirei fundo. Percebi então que eu repetia algo que meu pai fazia comigo quando eu era mais novo.

Meu pai, militar, sempre foi impaciente comigo. Ele foi criado de maneira muito dura. Não teve contato com o amor. Eu, por outro lado, sempre dei muito amor para os meus filhos, mas, às vezes, me pegava em situações de repetir padrões pelos quais passei quando criança. Mudei porque aprendi mais sobre mim. Porque me conheci.

Acredito que isso tenha me ajudado na criação dos meus filhos. Eu me considero um paizão (e a Simone é uma mãezona). Mas vou dizer uma coisa: que negócio difícil é criar filho no mundo de hoje, meu Deus!

O PODER DA FAMÍLIA

Um dos principais valores que ensino é honestidade. Ser honesto e transparente vai lhes abrir portas, como ter um casamento saudável ou uma sociedade bem-sucedida. Ser honesto vai lhes aproximar das pessoas. Contato gera contato, relacionamento traz acessos. Você só consegue se relacionar com pessoas que realmente são honestas.

Outro princípio que ensino aos meus filhos é responsabilidade. Todo os dias, na minha casa, há uma discussão com nosso filho sobre responsabilidade. Mas aí Simone e eu sabemos que temos que dar o exemplo. Como vamos chamar a atenção do nosso filho sobre responsabilidade com horários, por exemplo, se não formos pontuais?

O verdadeiro líder é o que mostra com exemplos a sua liderança, e isso não está relacionado ao cargo que ele ocupa. Quer saber quem é um líder de verdade? Veja como ele trata a equipe de limpeza, se ele faz distinção. Quem está limpando o seu escritório tem a mesma importância daquele que traz lucro para a empresa. O verdadeiro líder trata todo mundo com igualdade e respeito. É aquele que, por mais que esteja em uma posição hierárquica alta, não a usa como uma arma.

Acredito que esse seja o caminho: se autoconhecer para depois buscar entender seus parceiros, seus filhos, seus colaboradores. Pessoas diferentes exigem atenção e cuidados diferentes, mas sempre com o mesmo respeito. E isso com base em princípios claros e fortes o suficiente para fortalecer o caráter de quem está sendo formado, transformando em uma pessoa admirável. Na atualidade, o status de admirável tem se tornado cada dia mais difícil justamente porque, no geral, as pessoas expõem mais suas fragilidades e erros do que suas virtudes e crenças. E isso precisa mudar se você deseja construir uma família abençoada e ser um homem ou mulher admirável e respeitado por suas escolhas e ações.

Princípios, valores e virtudes

Existe uma grande diferença entre princípios, valores e virtudes, embora sua efetividade seja válida apenas quando os conceitos estão alinhados.

Como explica Jerônimo Mendes,[12] professor universitário e coach de liderança e gestão de negócios que se aprofundou na definição e no estudo desses três aspectos: princípios são preceitos, leis ou pressupostos considerados universais que definem as regras pelas quais a sociedade deve se orientar. Em qualquer lugar, os princípios são incontestáveis e, quando adotados, não devem oferecer resistência alguma.

Entende-se que a adoção desses princípios está em consonância com o pensamento da sociedade, e vale tanto para a elaboração da constituição de uma nação quanto para os acordos políticos entre países, contratos e estatutos de condomínio.

Amor, igualdade, justiça, liberdade, paz e plenitude são exemplos de princípios considerados universais. De modo geral, os princípios regem a existência humana e são comuns a todos os povos, classes, culturas, eras e religiões. Como cidadãos e profissionais, esses princípios fazem parte da nossa existência e lutamos para torná-los inabaláveis durante toda a vida.

Temos direito a todos eles, porém, por razões diversas, eles não surgem do nada. A base dos princípios, para a maioria das pessoas, é construída no seio da família e, em muitos casos, alguns se perdem no meio do caminho.

---

[12] MENDES, J. O que são princípios, valores e virtudes? [diferenças básicas]. **Jerônimo Mendes**, 20 dez. 2022. Disponível em: https://www.jeronimomendes.com.br/principios-valores-e-virtudes/. Acesso em: 16 fev. 2023.

O PODER DA FAMÍLIA

Quem age de modo diferente ou em desacordo com os princípios universais acaba sendo punido pela sociedade e tende a sofrer as consequências. São frutos das escolhas que fazemos com base em valores equivocados, não em princípios.

Valores são normas ou padrões sociais geralmente aceitos e mantidos por determinadas pessoas, classes e sociedades. Em outras palavras, dependem basicamente da cultura relacionada ao ambiente no qual estamos inseridos.

É comum existir certa confusão entre valores e princípios, todavia, os conceitos e as aplicações são diferentes. Os valores são pessoais, subjetivos e, por vezes, contestáveis de acordo com a cultura de cada pessoa. Ou seja, o que vale para você não vale necessariamente para os demais. Sua aplicação pode ou não ser ética e depende muito do caráter ou da personalidade de quem os adota.

Por exemplo: pessoas de origem humilde definem valores de maneira diferente das pessoas de origem mais abastada. De um lado, a escassez pode gerar a ideia de que dinheiro não traz felicidade, portanto, mesmo sem dinheiro é possível ser feliz utilizando-se valores como amizade, por exemplo. Por outro lado, o apego ao dinheiro e à convivência harmoniosa com o conforto pode gerar a ideia de que sem dinheiro não é possível ser feliz, que o dinheiro traz felicidade, conforto e, se houver mais do que o necessário, valores como filantropia e voluntariado podem ser praticados.

Essa comparação não define o que é certo ou errado, mas levanta uma questão interessante sobre o conceito de valores e depende do ponto de vista de cada cultura ou de cada pessoa.

Na prática, é mais simples ater-se aos valores, pois os princípios exigem muito do ser humano. Valores equivocados da sociedade atual – "curtidas", luxo, riqueza, status, sucesso, seguidores etc. – estão inseridos no dia a dia, infelizmente. De maneira geral, nada têm a ver com princípios. Todos os dias somos convidados a negligenciar os princípios e a adotar valores ditados pela sociedade.

Já as virtudes, segundo o dicionário Aurélio, são disposições constantes do espírito que, por um esforço da vontade, inclinam à prática do bem. Exemplo: ser atencioso, ser solidário, ser generoso.

Jerônimo Mendes cita Aristóteles, que afirmava que há duas espécies de virtudes: a intelectual e a moral. A primeira deve sua geração e crescimento ao ensino, por isso requer experiência e tempo, ao passo que a virtude moral é adquirida com o resultado do hábito.

Ainda segundo Aristóteles, nenhuma das virtudes morais surge em nós por natureza, visto que nada que existe por natureza pode ser alterado pela força do hábito. Ou seja, virtudes nada mais são do que hábitos profundamente arraigados que se originam do meio em que somos criados e condicionados através de exemplos e comportamentos semelhantes.

Uma pessoa pode ter valores e não ter princípios. Hitler, por exemplo, conhecia os princípios, mas preferiu ignorá-los e adotar valores como a supremacia da raça ariana, a aniquilação dos contrários e a dominação pela força. Significa também que não dispunha de virtudes, pois as virtudes são decorrentes dos princípios e o seu legado foi um dos mais nefastos da história. Sua ambição desmedida e o desprezo pela cultura judaica tornou Hitler obcecado por valores que contrastam com os princípios universais.

Por outro lado, Irmã Dulce, Madre Teresa de Calcutá, Martin Luther King Jr., Mahatma Gandhi e Rosa Parks tinham princípios, valores e virtudes perfeitamente alinhados com sua visão de mundo e concepção de vida.

Todos lutavam por causas mais nobres e tinham um ponto em comum: a dignidade humana. Hitler, Idi Amin Dada, Milošević e Stalin entraram para o rol das figuras mais odiadas da humanidade, diferentemente dos que inspiram exemplos para a humanidade. Existem pessoas sem princípios que, apesar de tudo, são ricas, famosas, conquistam cargos importantes nas empresas e assumem papéis relevantes na sociedade. Isso é uma distorção alicerçada pela cegueira humana.

Contudo, riqueza material não é a única medida de sucesso. Avalie, por si mesmo, quais os exemplos deixados por cada pessoa, a sua contribuição para o mundo e o legado deixado para seus descendentes.

No mundo corporativo não é diferente. Embora a convivência em vários momentos seja insuportável, deparamo-nos com profissionais que atropelam os princípios como se isso fosse algo natural, um meio de sobrevivência. Eles adotam valores que nada têm a ver com duas grandes necessidades corporativas: a convivência pacífica e o espírito de equipe. Nesse caso, virtude é uma palavra que não faz parte do vocabulário e, apesar da falta de escrúpulos, leva tempo para destituí-los do poder.

Valores e virtudes baseados em princípios universais são inegociáveis e, assim como a ética e a lealdade, você os tem ou não. Conceitos como liberdade, felicidade ou riqueza são relativos e não podem ser definidos com exatidão. Cada pessoa tem recordações, imagens internas, experiências e sentimentos que dão sentido especial e particular a esses conceitos.

O importante é que você não perca de vista esses conceitos e tenha em mente que a sua contribuição, no universo pessoal e profissional, depende da aplicação mais próxima possível do senso de justiça. E a justiça é uma virtude tão complexa e tão negligenciada que os próprios representantes dela sentem dificuldades em aplicá-la.

O que vale em casa vale no trabalho. Não existe paz de espírito nem crescimento interior sem o triunfo dos princípios. Virtudes são próprias da criação, do meio, da convivência e do incentivo familiar.

No momento em que alguém se vale do cargo, do dinheiro, da posição social ou mesmo da formação educacional para humilhar os outros, os princípios já foram atropelados por seus valores equivocados e interesses pessoais.

Portanto, preocupe-se mais com os princípios do que com os valores. Valores são ajustáveis, mutáveis, negociáveis, respeitáveis. Princípios são inegociáveis. O que vale para mim, vale para você e para qualquer outro ser humano na face da Terra. Lute pelos princípios que os valores e as virtudes fluirão naturalmente.

PARA FIXAR E REFLETIR

Vale o destaque:

- "A humildade é a única base sólida de todas as virtudes." – Confúcio
- "O pudor é a mais afrodisíaca das virtudes." – Nelson Rodrigues
- "A consciência é a estrutura das virtudes." – Francis Bacon
- "É na educação dos filhos que se revelam as virtudes dos pais." – Coelho Neto

capítulo 7

APRENDA SOBRE O OUTRO

por Simone Mendes

> Na passagem 2 Reis 4:1-7[13] da Bíblia, podemos ver o exemplo de uma família enfrentando as adversidades. Uma família que está fundamentada nas promessas de Deus não está imune às tribulações, a diferença está em como ela enfrenta essas dificuldades.

[13] 7 PASSAGENS bíblicas sobre família. *op. cit.*

Tenho uma vida no mundo secular, afinal, sou uma pessoa que canta no mundo. Mas eu não vivo para o mundo. Nosso lar, o da minha família, é o nosso templo. É um local sagrado, de culto a Deus. Costumamos realizar encontros de células de oração em casa. Nós reunimos a família, os amigos e todos aqueles que querem compartilhar disso conosco.

É um lugar de respeito ao próximo, em que as pessoas se sentem acolhidas. Isso acontece porque nós, antes de tudo, nos acolhemos. Por exemplo, eu sempre tive problemas com peso. Emagreço, engordo, emagreço, engordo. E meu marido nunca olhou para mim com julgamento. Nunca. Pelo contrário: não importa qual o meu peso, ele sempre me elogiou: "Você é linda. É a mulher mais linda que eu conheci". Isso é acolhimento. Isso é respeito.

O PODER DA FAMÍLIA

O homem precisa respeitar e acolher a sua esposa. Valorizar o seu interior, o coração dela, o que ela representa para ele. Quando a mulher é elogiada, ela se sente amada. Já o homem, ele se sente amado quando sabe que a esposa é uma mulher honesta, justa e responsável que dá conta de tudo.

É importante que o casal conheça a linguagem do amor um do outro. Quando passa a compreender isso, você consegue agradar de mais formas. O relacionamento se torna mais assertivo. Há um livro muito bom sobre o tema: *As 5 linguagens do amor*, do pastor batista Gary Chapman.[14] A obra mostra como expressar um compromisso sincero com seu cônjuge, e afirma que as cinco linguagens do amor são: palavras de afirmação; atos de serviço; tempo de qualidade; toque físico e receber presentes.

Às vezes, a sua linguagem de amor é tempo de qualidade. Se o seu cônjuge gosta de tempo de qualidade, não há razão para ficar apenas o enchendo de presentes. Essa não é a linguagem de amor daquela pessoa. No próximo capítulo, haverá um teste para ajudar os casais a identificar qual é a linguagem de amor de cada um.

Eu, por exemplo, gosto de palavras de afirmação. Adoro receber elogios. Gosto quando meu marido e minha família estão almoçando e elogiam a comida. Escutar "o almoço está tão gostoso hoje" me deixa feliz, me faz me sentir amada. A hora da refeição é tão importante, preparada com tanto carinho e cuidado, que escutar elogios sobre isso é um reconhecimento daquilo que foi feito. Infelizmente, esse costume de a família se reunir à mesa durante as refeições é algo raro hoje em dia, com a vida corrida que todos levam.

---

14 CHAPMAN, G. **As 5 linguagens do amor:** como expressar um compromisso de amor a seu cônjuge. São Paulo: Mundo Cristão, 2013.

APRENDA SOBRE O OUTRO

Os elogios devem ser sinceros. Não é apenas elogiar por elogiar. É enxergar a beleza e o cuidado do outro e trazer isso à tona. Afinal, você se apaixonou por aquela pessoa, viu um conjunto de qualidades nela para amá-la. Nada mais natural do que expressar isso por meio de palavras e gestos. É do que gosto. E, graças a Deus, meu marido aprendeu isso sobre mim e me faz feliz reafirmando boas palavras. Até mesmo quando estamos chateados um com o outro, ele usa palavras de afirmação.

E eu conheço as linguagens de amor do Kaká. Ele gosta muito de toque. Então, quando brigamos, por exemplo, mesmo que a minha linguagem de amor não seja o toque, eu me aproximo dele e o abraço, porque sei que essa é uma das linguagens dele. Ou seja, estar em um relacionamento é olhar para o outro, conhecê-lo ao ponto de saber que algumas ações e atitudes, mesmo em momentos ruins do casal, são o que de fato demostram cuidado, atenção e respeito. Mesmo que naquele momento eu não queira conversar, quando o toco, o abraço, é uma mensagem clara de que vamos resolver o que quer que seja juntos.

Algumas linguagens nós temos em comum. A de receber presentes é uma delas. Tanto ele quanto eu adoramos ganhar um presente. Desde o mais simples até os mais impressionantes. Nós nos casamos no civil em julho. Alguns meses depois, em março, casamos no religioso. Só que em maio é o meu aniversário e em junho tem o Dia dos Namorados. Kaká já sabe que no presente dessas datas tem que caprichar – e que eu não aceito presentes repetidos.

> Os elogios devem ser sinceros. Não é apenas elogiar por elogiar. É enxergar a beleza e o cuidado do outro e trazer isso à tona.

Sobre reciprocidade, autocontrole e ser uma pessoa verdadeira

Certa vez, Kaká chegou em casa, e eu queria que ele fizesse algumas tarefas domésticas. Mas ele preferia contratar alguém para fazer do que colocar a mão na massa. Kaká não entendia que, para mim, aquilo eram coisas que ele precisava fazer e, por outro lado, eu não compreendia o ponto de vista dele. Como assim ele não podia trocar uma lâmpada?

Sou do tipo que vou lá e faço. Esse negócio de ficar esperando alguém fazer quando eu peço? Prefiro ir lá eu mesma e resolver. Eu ficava muito brava com ele, mas também pensava: *será que estou errada?* Sabia que ele poderia contratar alguém para fazer o serviço, mas, no fundo, eu queria que ele o fizesse. Sou do interior e temos essas questões, sabe? Posso ter melhorado de vida, mas algumas atitudes e pensamentos do passado continuam em mim.

Mas, então, quando eu trabalhei em mim essa questão e abri mão de ficar cobrando atitudes que ele sequer entendia, quando compreendi e passei a respeitar o ponto de vista dele, as coisas mudaram. Kaká começou a realizar tais tarefas. Ele também havia entendido de onde vinha essa exigência minha. Nós aprendemos um com o outro.

E isso requer paciência, pois é demorado. Não é algo que vai acontecer da noite para o dia. Temos que expressar o que pensamos ao outro e esperar o tempo dele de absorver aquela informação. Eu fiz isso e ele também: tem a ver com reciprocidade. Você tem que oferecer compreensão para também receber compreensão.

O PODER DA FAMÍLIA

Nesse processo, ter autocontrole também é fundamental. Com autocontrole, você domina seus impulsos, suas emoções. Quando está mais centrado, vê as situações com mais clareza e, assim, age com verdade e certeza. Você tem disposição para compreender o outro, e a convivência fica harmônica e sincera, pois a outra pessoa se sente à vontade para lhe falar verdades.

E isto é tão importante: ter pessoas ao seu redor que sejam verdadeiras com você. Duvide de todo mundo que concorda com tudo o que você fala. Devemos valorizar aqueles que não concordam com tudo o que dizemos – são essas pessoas que devemos manter por perto.

E eu sou muito verdadeira, sabia? Quando algo me incomoda, falo com o meu marido. Mas é aquilo: falo com amor, com carinho. Eu chego no Kaká sempre com um conselho ou uma crítica construtiva. Não para lhe apontar o dedo, mas para ajudá-lo, pois o amo e quero o melhor para ele. Para você ter um relacionamento bem-sucedido, precisa olhar para sua parceira ou parceiro e lhe estender a mão, ajudá-lo corrigir quando for preciso.

Mas se você escolher o caminho certo, o de ser uma pessoa sincera e honesta, saiba de uma coisa: quanto mais verdadeiro for, menor será o seu círculo de amizades. Esteja preparado para isso. E muitos do que estão fora desse círculo, aqueles que não conhecem a sua história, falam maldades e mentiras pelas suas costas. E é assim que você tem a comprovação de que é uma bênção que eles não façam parte da sua história. Não merecem.

Então, valorizo muito as pessoas que mantenho ao meu redor. Porque, assim como eu sou honesta, sei que elas também são. Elas me falam as verdades que preciso escutar – mesmo aquelas que eu não gostaria de ouvir. Uma pessoa que me corrige com amor será sempre respeitada por mim.

APRENDA SOBRE O OUTRO

Converse com o seu marido ou com a sua esposa. Descubra as linguagem de amor dele(a). Invista nisso e você verá que, com esse conhecimento, com dedicação, com diálogo e com respeito, o seu casamento será um sucesso e você e o seu cônjuge terão condições de resgatar tudo o que são um para o outro. Tracem metas juntos para o relacionamento, mesmo que seja um tópico por semana ou por mês, trabalhem juntos para melhorar a vida a dois. Quando o assunto é a relação mais importante da sua vida, não deixe para depois. Mude seu comportamento, suas ações e, em breve, você e seu cônjuge estarão em outra estação da vida conjugal.

> É impossível um casal concordar o tempo todo. Aprendi que relacionamento é você abrir mão de alguma coisa em detrimento de outra. É, de maneira consciente, fazer escolhas que vão contribuir para a evolução e a felicidade do casal. Saber qual é a sua linguagem do amor e a do seu parceiro torna a relação mais saudável e prazerosa para ambos."

Uma mulher de recomeços e vitórias

Deus não erra nunca. E vou compartilhar com você duas histórias que aconteceram comigo para que entenda o porquê dessa afirmação.

> **Você tem que oferecer compreensão para também receber compreensão.**

APRENDA SOBRE O OUTRO

Esse é o meu segundo casamento. Quando eu morava em Fortaleza (sou baiana, mas morei muitos anos no Ceará), fui uma menina muito desprendida, eu queria curtir a vida. Não era o tipo de menina que ficava entregando o meu corpo, mas beijar na boca... Eu beijava demais! Mandava segurar um, porque mais tarde tinha outro que estava chegando. Com o passar dos anos, a minha fama corria na cidade, e minha mãe até chegou a me chamar de "galinha". E eu achava tudo isso legal naquela época.

Hoje, com quase 40 anos, posso dizer que a vida me ensinou muitas coisas até aqui.

Após o término de meu primeiro relacionamento, conheci um rapaz muito bonito. Você sabe, o palco seduz, tem sua magia. Eu chamava atenção e ele chamou a minha. Nós começamos a sair. Eu, porém, ainda estava presa à minha relação anterior, meu coração ainda estava ferido. Mas, aos poucos, o relacionamento com esse rapaz bonito foi fluindo e decidimos nos casar. Passou um ano de casados... dois anos de casados... Nessa época, eu já buscava Deus. Tentava trazer Deus para dentro do meu lar.

Só que aquela pessoa não aceitava, não queria se aproximar de Deus. De vez em quando, até participava de uma oração ou outra, mas ele não queria compromisso com o Senhor. E eu queria muito que aquele relacionamento desse certo... Tanto que subi ao monte. Eu orava, fazia um propósito, jejum e o que tivesse ao meu alcance para que Deus fizesse aquele casamento dar certo.

No nosso quarto ano de casados, aconteceu uma coisa. Estava tendo uma feira cristã em São Paulo e um amigo meu tinha terminado o relacionamento – e a namorada dele morava na cidade. Ele estava bem triste. Então, coloquei "pilha" nele: "Vamos para a feira?". A ideia era reencontrar a namorada dele e tentar fazer os dois se reaproximarem. Ele ficou na dúvida e insisti:

"Vamos! A gente aproveita e pega mais alguma visão da parte de Deus para a gente".

Chegamos à feira. Estava lotada. Naquela época, onze anos atrás, eu ainda não era famosa. Ninguém sabia quem eu era. Então, eu estava bem tranquila e feliz pelo meu amigo ter se reencontrado com a moça de quem ele gostava.

Enquanto eles conversavam, uma mulher se aproximou de mim e disse: "Eu tenho algo da parte de Deus para falar com você. Você sabia que essa aliança que está na sua mão é de espinho? O meu compromisso é com Deus, e não com o homem da terra. E o que Deus me mandar dizer, eu vou falar. A sua aliança é de espinho e não vai demorar para Deus vai fazer algo diferente na sua vida. Ao mesmo tempo que vejo você sofrendo muito, Deus me mostra que você cavou uma terra muito rápido, um barro sujo do qual brota um diamante lindo".

Escutei aquilo e pensei: *Será que essa mulher está certa? Ou será que está doida?* Então, em oração, só para mim, pedi ao Senhor uma comprovação de que aquela profecia vinha Dele: *Pai, se essa mulher for mesmo da Sua parte, use a boca dela para falar alguma coisa sobre ter filhos.* Eu queria muito ter filhos!

A mulher, então, voltou a falar: "Deus também me manda lhe dizer que o seu primeiro filho será homem e mais tarde virá uma menina. Depois, sua maternidade será encerrada. Você terá dois filhos: um menino e uma menina". Na mesma hora, comecei a chorar. Deus havia me confirmado que aquela revelação era Dele. Ele a enviara para profetizar pela minha vida.

A mulher ainda completou que me via em um palco, eu tendo muito sucesso. Deu até detalhes! Afirmou também que ia doer, mas que Deus tinha algo tremendo para a minha vida.

APRENDA SOBRE O OUTRO

Uma semana depois, voltei para casa. Um dia, acordei às 6 horas, fui ao banheiro e dei de cara com o celular do rapaz na bancada. Peguei o aparelho e comecei a olhá-lo. Então, me tremi toda. Na hora, veio à minha mente o que Deus havia falado para mim por intermédio daquela profetisa, que a minha aliança era de espinho e que eu ia sofrer. Pensei: *Meu Deus, e agora? O que eu faço? O que eu faço?*

Liguei para uma amiga na mesma hora. Contei a ela que meu ex-marido estava errando comigo, e ela tentou me acalmar. Esperei o cidadão acordar. Quando ele despertou, só lhe perguntei duas coisas: "Eu sou a única mulher da sua vida? Você quer ter filhos comigo?". Ele, vendo que eu estava com o celular em mãos, ficou roxo, depois vermelho, verde, branco, todas as cores. Entendi o que aquilo significava e lhe dei um ultimato: "Eu trabalho no mundo, mas nunca desrespeitei você. Nunca olhei para o lado em busca de outros homens. Sempre fui uma mulher honesta, justa e fiel. E você não honrou isso. A partir de agora você vai pegar suas coisas e vai sair desta casa".

E assim aconteceu. Ainda fui trabalhar nesse dia, mesmo com o coração apertado. Eu chorava muito, sentia muita vergonha, pois eu já estava começando a fazer sucesso no Nordeste. Comecei a entrar em desespero e a gritar, achando que a culpa era minha pelo fracasso daquele relacionamento. Ficava me perguntando: *Por que ele fez isso comigo? Onde eu errei?* A verdade é que essas coisas acontecem não porque a pessoa traída é feia, má ou fez algo de errado. Está no caráter do traidor.

Em todo caso, naquela época, eu não via isso. Então, chorei muito e busquei o Senhor. Com o tempo, fui me acostumando à situação e me animei um pouco. Alguns amigos "tortos" ainda me aconselharam: "Você é uma menina de quem todo mundo gosta. Vai viajar, vai curtir esse Brasil. Pare de ser boba, chega de chorar!". Então, decidi que ia curtir a vida.

Ainda assim, quando eu voltava para casa, sentia um vazio e uma tristeza que não cabiam dentro da minha alma. Mas isso estava prestes a mudar.

Noventa dias após a minha separação, uma tia me perguntou se eu estava solteira. Confirmei, completando que não conseguia mais me interessar por ninguém. Então, ela me disse que havia um rapaz de quem ela gostava muito, que tinha um coração bom e estava solteiro também. Ela me mostrou uma foto dele e passou o contato: era o Kaká.

Combinamos de ele ir a um show meu para nos conhecermos pessoalmente. Ele morava em Sobral, bem longe de Fortaleza, a 300 quilômetros. Esse show era um "risca-faca". Só para você ter uma ideia: depois, ele me contou que se perdeu na escuridão da estrada, que um motoqueiro sem camisa, sem chinelo, com uma cachaça debaixo do braço, indo para a casa de show, passou por ele. Imagine, então, como era o lugar.

Estava no camarim quando o Kaká me enviou uma mensagem dizendo que já estava no show. Olhei-o de longe, de cima do palco, e pensei: *É feio. Podemos ser amigos, mas não quero nada com ele*. Depois da apresentação, ele foi me procurar no camarim e perguntou se podia me levar em casa, e concordei. Ficamos conversando das três da madrugada até as oito da manhã. Não nos beijamos nem nada, só ficamos de papo.

Pensei que não ia dar em nada, mas ele me chamou para irmos ao cinema. Só que, além de o filme ser ruim, eu sou aquela pessoa que dorme no meio do filme, por isso pensei que não daria certo. Mas deu. Tanto que foi quando nos beijamos pela primeira vez! Daí em diante, as coisas fluíram. Nos apaixonamos com muita vontade.

> **A verdade é que essas coisas acontecem não porque a pessoa traída é feia, má ou fez algo de errado. Está no caráter do traidor.**

Nos entregamos mesmo à relação. Ele voltava chorando para a cidade dele e eu ficava chorando de saudade dele.

Acredita que ele me pediu em namoro no meio de um programa de rádio? Fui lá dar uma entrevista quando ele ligou na rádio e me pediu em namoro! E duas semanas depois, me pediu em casamento. O resto você já sabe, contamos aqui. São dez anos de alegrias, cumplicidade, amor, mas também desafios.

O desejo do meu coração era que Kaká visitasse onde eu congregava. Então, quando ele pisou na igreja, e a palavra tocou o seu íntimo de tal modo que ele não se conteve, fiquei muito feliz, só sabia agradecer ao Senhor. E meu marido chorava de emoção e assombro por aqueles sentimentos dentro de si: "Era isso que estava faltando na minha vida!".

E é verdade. Todo mundo tem um vazio do tamanho de Deus. Enquanto Deus não preenche esse vazio da sua alma, não há felicidade. A vida muda completamente quando você dá espaço para o Senhor entrar em seu coração.

Deus não erra

Sabia que muitos casamentos não terminam em divórcio? Pois é, todo mundo só fala das separações, mas há relacionamentos que serão para sempre. Isso significa que provavelmente um dos cônjuges verá o outro morrer. Kaká sempre diz que prefere ir primeiro que eu, aliás. Afirma que não suportaria viver sem mim. Quando penso nisso, se um dia eu for antes dele, meu coração também dói. A dor de perdê-lo seria enorme, só Deus mesmo para me sustentar.

Só tenho a agradecer a Deus pela presença de Kaká na minha vida. Um homem honesto, fiel, uma pessoa que coloca a nossa família acima de qualquer coisa. Sou grata por ele também ter se apresentado a Deus. Acredito que esse passo tenha sido o principal. Talvez, se isso não tivesse ocorrido, não estaríamos juntos.

Deus é o esteio do nosso casamento. E Ele nunca erra. Somos nós quem erramos. Casamentos não terminam porque Deus errou em alguma coisa. A verdade é que devemos sempre estudar sobre como nos relacionarmos com o outro. Estarmos dispostos a nos doar, a abrir mão de certas atitudes e alguns pensamentos – mas poucos estão inclinados a isso. Então, quando se casam e os conflitos aparecem (porque eles vão aparecer aos montes), não sabem como lidar com a situação.

O Kaká, por exemplo, era muito ciumento. Mas entrou em nossa vida um casal de pastores que nos ensinou sobre relacionamento e, aos poucos, aprendemos a lidar com isso. Esse ciúme machucava o meu marido; ele sofria, se martirizava por dentro. Ele tinha receio de eu me interessar por outra pessoa quando viajava para fazer shows. E eu reagia a isso: "Meu Deus do Céu, eu vou perdê-lo desse jeito. Não vou ter paciência de ficar nessa cobrança toda, ou ele não vai aguentar a minha rotina de shows e vai me deixar".

Só que a misericórdia de Deus já havia alcançado a vida do Kaká. Ele foi buscar no YouTube vídeos sobre ciúmes. Passou a madrugada assistindo a esse conteúdo enquanto eu estava cantando. Deu seis horas da manhã e Kaká me ligou com a notícia: "Meu amor, anote uma coisa: a partir de hoje, nunca mais vou ter ciúmes de você. Passei a madrugada toda aprendendo sobre o ciúme e entendi a raiz do problema". Ele foi curado, e até hoje nós temos cuidado um com o outro.

Isso também tem a ver com perdão: tanto o ato de perdoar quanto o de pedir perdão. É sobre se perdoar e perdoar aqueles que de alguma maneira feriram você. E, em se tratando de relacionamento, é comum que, na hora de uma briga, de uma conversa, você fale ou faça algo por impulso ou motivado pelas razões erradas.

Saber perdoar e pedir perdão não são ações opcionais em um relacionamento. São atitudes muitos difíceis de serem tomadas, eu sei, mas são necessárias. Kaká e eu aprendemos isso na marra. Nós nos abrimos para aprender juntos e para perdoar juntos. E isso fez toda a diferença em nosso casamento.

Claro que nós passamos por dificuldades, assim como os outros casais que contribuíram com suas experiências nos capítulos anteriores. Mas vejo que o caminho que temos em comum é: casais que seguem com fé, perseverança e dedicação são mais felizes. E desejo, do fundo do meu coração, que as suas escolhas conduzam você, a partir de hoje, por caminhos de paz e alegrias, principalmente dentro da sua casa.

> **Este livro lhe deu acesso a chaves poderosas para melhorar a sua vida e também para ajudar aquele que está perto e enfrenta dificuldades no relacionamento. Que as dicas e os exemplos aqui reunidos possam servir e ser aplicados em sua vida. Que você possa, a partir de agora, ajudar outras pessoas a encontrarem esse caminho também. A boa palavra é contagiante e poderosa."**

FÉ NA PRÁTICA

Nossa proposta de exercício é poderosa. Boa parte das coisas (se não todas) se materializam apenas quando antes são sonhadas, desejadas, pedidas. Então chegou o momento de você listar tudo que gostaria que acontecesse na vida da sua família de imediato, a médio, e longo prazo. Quais são os seus sonhos mais íntimos? Aqueles que as vezes você não compartilhou ainda nem mesmo com o seu cônjuge?

Escreva abaixo, finalize sua leitura da obra e, sempre que possível, volte a essa lista para constatar o que de fato mudou na sua vida e dos seus depois de ter acesso a esse livro e adotar uma nova visão e conduta perante a vida.

IMEDIATO

_____
_____
_____

MÉDIO

_____
_____
_____

LONGO PRAZO

_____
_____
_____

capítulo 8

A LINGUA-GEM DO AMOR

Segundo o Salmo 127:3-5,[15] e também em Provérbios 22:6, não há nada mais precioso para os pais do que os filhos. Os filhos são uma bênção de Deus! Quanto mais filhos, mais momentos de alegria e prosperidade. Deus sabe o quanto um filho é precioso. Ele nos entregou o Seu único Filho para a nossa salvação. O salmista compara os filhos às flechas. As flechas são lançadas, mas a direção delas são da responsabilidade de quem as lança. Pais, instruam seus filhos no caminho da Verdade, mirem as suas flechas no alvo que é Cristo! Depois de instruídos, isto é, lançados, dificilmente sairão da rota.

---

[15] 7 PASSAGENS bíblicas sobre família. *op. cit.*

Chegou a hora de você descobrir qual é a linguagem do amor que rege o seu relacionamento. Preparado? Siga as instruções e dedique um tempo para entender melhor as preferências e as linguagens do seu parceiro. Esse processo é poderoso e pode ajudar os cônjuges em todos os aspectos da vida conjugal.

O PODER DA FAMÍLIA

Teste – As 5 linguagens do amor
(Gary Chapman)

Prepare o seu perfil quando estiver relaxado e sem pressão de tempo. Depois de fazer suas escolhas, volte e conte o número de vezes que marcou cada letra. Liste os resultados nos espaços apropriados no fim da atividade. Depois leia "interpretando e usando seus pontos do perfil", que acompanha o perfil:

1. Gosto de receber palavras de afirmação..................A
   Gosto de receber abraços.................................E

2. Gosto de passar tempo a sós com alguém especial para mim..................B
   Sinto-me amado quando alguém me oferece ajuda prática..................D

3. Gosto quando ganho presentes..................C
   Gosto de visitas sem pressa com amigos e entes queridos..................B

4. Sinto-me amado quando as pessoas fazem coisas para me ajudar..................D
   Sinto-me amado quando as pessoas me tocam..................E

5. Sinto-me amado quando alguém que amo ou admiro me rodeia com o braço..................E
   Sinto-me amado quando recebo um presente de alguém que amo e admiro..................C

6. Gosto de sair com amigos e entes queridos..................B
   Gosto de bater palma com palma ou ficar de mãos dadas com pessoas especiais para mim..................E

7. Símbolos visíveis de amor (presentes) são importantes para mim..................C

A LINGUAGEM DO AMOR

      Sinto-me amado quando as pessoas me afirmam.............A

8. Gosto de sentar perto das pessoas a quem aprecio.........E
      Gosto de que me digam que sou atraente/bonito..............A

9. Gosto de passar tempo com amigos e entes queridos.....B
      Gosto de receber presentinhos de amigos e
      entes queridos..C

10. Palavras de aceitação são importantes para mim............A
      Sei que alguém me ama quando ele me ajuda..................D

11. Gosto de estar junto e fazer coisas com amigos
      e entes queridos..B
      Gosto quando me dizem palavras bondosas......................A

12. O que a pessoa faz me afeta mais que aquilo que
      ela diz..D
      Os abraços me fazem sentir participante e apreciado.....E

13. Aprecio o louvor e tento evitar as críticas........................A
      Vários presentes pequenos significam mais para mim
      que um grande...C

14. Sinto-me íntimo de alguém quando estamos
      conversando ou fazendo coisas juntos...............................B
      Sinto-me mais perto dos amigos e entes queridos
      quando eles me tocam com frequência...............................E

15. Gosto que as pessoas elogiem minhas realizações..........A
      Sei que as pessoas me amam quando fazem coisas
      para mim que elas mesmas não apreciam.........................D

16. Gosto de ser tocado quando amigos e entes queridos
      passam perto de mim..E
      Gosto quando as pessoas me ouvem e mostram
      interesse genuíno no que estou dizendo............................B

17. Sinto-me amado quando amigos e entes queridos me ajudam nos trabalhos e projetos .... D
Gosto realmente de receber presentes de amigos e entes queridos C

18. Gosto que as pessoas elogiem minha aparência .... A
Sinto-me amado quando as pessoas tomam tempo para entender meus sentimentos .... B

19. Sinto-me seguro quando uma pessoa especial toca em mim .... E
Atos de serviço fazem com que me sinta amado .... D

20. Aprecio as muitas coisas que as pessoas especiais fazem para mim .... D
Gosto de receber presentes que pessoas especiais fazem para mim C

21. Aprecio realmente o sentimento que tenho quando alguém me dá total atenção .... B
Aprecio realmente o sentimento que tenho quando alguém me presta algum ato de serviço .... D

22. Sinto-me amado quando uma pessoa comemora meu aniversário com um presente C
Sinto-me amado quando uma pessoa comemora meu aniversário com palavras significativas .... A

23. Sei o que a pessoa está pensando de mim quando me dá um presente C
Sinto-me amado quando a pessoa me ajuda nas tarefas diárias .... D

24. Aprecio quando alguém ouve com paciência e não me interrompe .... B

Aprecio quando alguém se lembra de dias especiais com um presente... C

25. Gosto de saber que os entes queridos estão preocupados em ajudar-me nas tarefas diárias............... D
Gosto de fazer viagens longas com alguém que é especial para mim... B

26. Gosto de beijar uma pessoa de minha intimidade ou de ser beijado por ela... E
Receber um presente sem qualquer razão especial me deixa contente... C

27. Gosto que me digam que sou querido................................. A
Gosto que a pessoa olhe para mim enquanto falamos..... B

28. Presentes de um amigo ou ente querido são sempre especiais para mim... C
Sinto-me bem quando um amigo ou ente querido me toca.. E

29. Sinto-me amado quando alguém faz com entusiasmo o que pedi.. D
Sinto-me amado quando dizem o quanto me apreciam... A

30. Preciso ser tocado todos os dias... E
Preciso de palavras de afirmação todos os dias............... A

TOTAIS

A: _____ Palavras de afirmação

B: _____ Tempo de qualidade

C: _____ Receber presentes

D: _____ Atos de serviço

E: _____ Toque físico

Interpretando e usando seus pontos do perfil

Que linguagem de amor recebeu mais pontos? Esta é sua Principal Linguagem de Amor (PLA). Se os totais de pontos para duas Linguagens de Amor (LA) forem os mesmo, você é "bilíngue" e tem duas principais LA. Se tiver uma LA secundária, ou uma cujos pontos estejam próximos da principal, isto significa que ambas as expressões de amor são importantes para você. O ponto mais alto para qualquer LA é doze.

Embora você possa ter marcado uma LA mais que as outras, tente não desconsiderar essas outras.

Seus amigos e entes queridos podem expressar amor desse modo e valerá compreender isto a respeito deles. Assim, também será bom que seus amigos e entes queridos saibam qual é sua LA e expressem afeto por você de maneira que você interprete como amor. Cada vez que você ou eles falam a linguagem um do outro, vocês marcam pontos emocionais um com outro. É claro que ninguém vai manter uma lista de pontos. O resultado de falar a LA de uma pessoa é mais um sentimento de que essa pessoa o entende e se importa com você. Com o passar do tempo, esse sentimento se multiplica em uma sensação mais forte de conexão.

Assim como identificar e falar a LA de um amigo ou ente querido fortalece o relacionamento, não fazer isso pode deixar um amigo ou ente querido com o sentimento de que você não o ama. Quando as pessoas não expressam amor de modo a ser percebido como tal, seus esforços, embora sinceros, são de alguma forma desperdiçados. Isto pode frustrar tanto aquele que dá amor como o suposto receptor.

Você pode ter sido inconscientemente culpado de falar uma LA "estranha" no passado a alguém que amava. Compreender o conceito das LA pode ajudar você a saber expressar eficazmente seus sentimentos para que sejam recebidos e interpretados como deseja.

Se ainda não tiverem feito isso, encoraje as pessoas especiais em sua vida a fazerem o "Perfil das cinco linguagens do amor". A seguir, discuta suas respectivas LA s e use este critério para melhorar seus relacionamentos.

O PODER DA FAMÍLIA

PARA FIXAR E REFLETIR

Vale o destaque:

- "Paz e harmonia: eis a verdadeira riqueza de uma família." – Benjamin Franklin
- "A família é a fonte da prosperidade e da desgraça dos povos." – Martinho Lutero
- "A natureza nos uniu em uma imensa família, e devemos viver nossas vidas unidos, ajudando uns aos outros." – Sêneca

> O primeiro gole do copo das ciências naturais o tornará um ateu. Mas, no fundo do copo, Deus estará esperando por você.
>
> **WERNER HEISENBERG**

capítulo 9

UMA GRANDE FAMÍLIA

Josué, em Josué 24:1-28,[16] quando renovou sua aliança em Siquém, fez uma escolha bem clara: ele e sua família serviriam apenas a Deus. Naquele momento o povo de Israel estava começando a cultuar outros deuses, o que desagradava a Deus. O exemplo de Josué reconduziu o povo novamente ao Senhor. Não há família mais feliz do que aquela que serve a Deus! Uma família que serve a Jesus e lhe obedece conduz outras pessoas ao caminho da Verdade. Faça esta escolha como família, busque a Deus. Exerça a sua liderança, seja exemplo para os seus filhos e coloque a sua família diante de Deus. Não é uma tarefa fácil, mas todo esforço é recompensado quando vemos os nossos entes queridos louvando a Deus.

---

[16] 7 PASSAGENS bíblicas sobre família. *op. cit.*

A família tem imenso poder sobre cada ser. Todos os membros de uma família são especiais e importantes. Isso não pode ser alterado, pois existe uma ligação que une todos pelo campo familiar e que estabelece as ordens sobre cada plexo de família. Com essas ligações, estamos em um meio poderoso que pode servir para gerar mais luminosidade para todos e auxiliar profundamente as nossa vida, trazendo inúmeros benefícios.

Cada pessoa dentro de uma família tem o seu espaço, e isso precisa ser respeitado. Todos se amam e todos se respeitam. É assim que uma família cresce e se fortalece para a vida. Então seres fortes vão para a vida com toda a sabedoria ancestral de ligações amorosas saudáveis e equilibradas para vivenciar o melhor.

O PODER DA FAMÍLIA

Famílias bem-estruturadas respeitam essa ordem amorosa, que é regida pela paz e por uma profunda conexão harmônica entre todos os membros. As ligações são respeitadas, então elas se mantêm firmes e fortalecidas para todas as pessoas do campo familiar. Onde estiverem positivadas as ligações, também estarão harmonizadas as experiências, e o amor será o centro que une todos e cria profunda conexão.

Cada família nasce pela partilha do amor. Cada ligação acontece pelo sentido de criar mais amor. Então, nas famílias, a grande missão é gerar mais amor e distribuir para todas as ligações. As relações familiares são extensas. Há muitas pessoas, vários antepassados e muito aprendizado sobre a lei do amor envolvidos. E é por esse amor que nos encontramos em família e nutrimos a essência de cada relação, algo importante no contexto de saúde e harmonia dentro de casa. Quando falo em saúde, é porque gerar amor é exatamente gerar saúde interior no campo familiar. Saúde e amor estão interligados. Ambos são vitais para criar famílias poderosas.

O poder de uma família está em suas relações e no modo como cada um alimenta as suas ligações. Família é vivência em conjunto, é harmonia de ligações, é inclusão, é aceitação, é saber que o amor está em todos, e esse mesmo amor age nos membros, criando pessoas fortes e com o poder necessário para viver tudo de que precisarem.

Família faz parte da base de vida de cada ser. É por isso que ela é tão importante. Busque curar e solucionar conflitos familiares, atingindo a máxima do amor, para que essa ligação entre os seres de sua família seja de harmonia, entendimento e amorosidade. A família vive em cada ser! A família está em todos nós![17]

---

[17] (N.A.) Trecho editado do texto original escrito por Karina Schuler que pode ser lido na íntegra em: https://www.eusemfronteiras.com.br/o-poder-da-familia/. Acesso em: 21 set. 2023.

UMA GRANDE FAMÍLIA

Fazemos parte da família de Deus

"'Quem é minha mãe, e quem são meus irmãos?', perguntou ele. Então olhou para os que estavam assentados ao seu redor e disse: 'Aqui estão minha mãe e meus irmãos! Quem faz a vontade de Deus, este é meu irmão, minha irmã e minha mãe'" (Marcos 3:33-35).[18]

Essa passagem nos revela o quanto Jesus valoriza aquele que segue a Sua palavra. Ele não queria menosprezar a sua família, mas, sim, nos deixar um grande ensinamento: se Deus é nosso Pai e se somos filhos de Deus, nossos verdadeiros irmãos são aqueles que fazem a vontade do Pai.

Ainda que não tenhamos parentes de sangue, ao aceitarmos Cristo, passamos a fazer parte da família de Deus. Quem aceita Jesus Cristo nunca estará sozinho. Mesmo com parentes em volta, quem aceita Cristo tem uma grande família e irmãos espalhados por todo o mundo!

"Então levou-os para fora e perguntou: 'Senhores, que devo fazer para ser salvo?' Eles responderam: 'Creia no Senhor Jesus, e serão salvos, você e os de sua casa'. E pregaram a palavra de Deus, a ele e a todos os de sua casa" (Atos 16:30-32).

O plano da Salvação inclui a sua família! Por intermédio do testemunho de Paulo e Silas, o carcereiro teve uma grande experiência com Deus. Um homem desesperado, que pensou ter perdido as pessoas presas sob sua custódia, queria ser salvo. Paulo não só ensinou como ele poderia ser salvo, mas profetizou que, por intermédio dele, a sua família também seria alcançada.

---

18 7 PASSAGENS bíblicas sobre família. *op. cit.*

O PODER DA FAMÍLIA

Deus não quer abençoar a nós somente, Ele também quer alcançar toda a nossa casa. Para que Deus possa agir, devemos abrir a nossa casa para Ele reinar. Quando oramos pelos nossos familiares e falamos de Cristo, estamos permitindo que Ele entre na nossa casa. A sua fé vai levar muitos a aceitarem Cristo, então comece pela sua família. Produza sementes e árvores que gerarão bons frutos nessa terra.

FÉ NA PRÁTICA

Criar o hábito de escrever sobre os seus sentimentos, desafios e desejos pode ajudar (e muito!) na organização da sua mente, além de proporcionar o registro para que, de tempos em tempos, suas metas e objetivos sejam revisitados e atualizados. Por isso, tire mais um tempo para você, concentre-se nas perguntas abaixo e responda com a sinceridade do seu coração:

Como você se sente agora, após ter acesso a esta obra?

_____
_____
_____
_____
_____

UMA GRANDE FAMÍLIA

▸ O que você precisa mudar de imediato na sua vida e na vida da sua família?

_____
_____
_____
_____
_____

Quais são os principais desafios e/ou dificuldades que vocês precisam superar juntos?

_____
_____
_____
_____
_____
_____

Quais são os aprendizados que ficaram para você após esta leitura?

_____
_____
_____
_____
_____

capítulo 10

PARA REFLETIR E ESTUDAR

Qual é o propósito de Deus para nossa família?[19]

Todos nós temos uma família, seja biológica, seja adotiva. As famílias mudam quando os bebês nascem ou são adotados, e quando ocorrem casamentos e mortes. Quando alguém se casa, é normal aceitar a família do cônjuge como sua. E há momentos em que, após a morte do cônjuge, a viúva ou viúvo mantém relações familiares

---

[19] BAKER, L. Qual é o propósito de Deus para nossa família? **Biblioteca do pregador**. Disponível em: https://bibliotecadopregador.com.br/qual-e-o-proposito-de-deus-para-nossa-familia/. Acesso em: 16 fev. 2023.

com a família do cônjuge falecido. Se alguém se casar novamente, a família aumenta.

Família é um conceito importante na Bíblia. Deus instituiu a família quando criou Eva como adjutora de Adão. O resto da Bíblia fala da família em seus vários papéis, e o mais importante é a igreja como família de Deus.

A Bíblia define a família como nós – aqueles da mesma casa, que é o par de marido (homem) e esposa (mulher), com seus filhos. Porque Deus criou a família, Ele está intimamente envolvido com cada uma.

As Escrituras são nosso grande instrutor de monogamia. A união vitalícia de um homem e uma mulher em casamento como fundamento da família (Gênesis 2:21-24). Em toda a Bíblia, prevalece a instituição da família como o modelo que Deus a criou para ser.

Todos os outros relacionamentos devem se originar da família, o alicerce de Deus para a construção da sociedade.

Se considerarmos os Dez Mandamentos, veremos que os quatro primeiros dizem respeito ao nosso relacionamento com Deus, e os outros seis falam sobre o nosso relacionamento com os outros. Três estão diretamente relacionados à família. O quinto mandamento diz para honrar o pai e a mãe. O sétimo mandamento diz para não cometer adultério, preservando assim a natureza sagrada da família. O décimo mandamento, "não cobiçarás", fala do mandamento de Deus para a fidelidade do coração. Pois, dentro de uma família, não é bom nem piedoso cobiçar o que os outros têm, incluindo uma família diferente (Êxodo 20:12-17).

Jesus disse, em Mateus 15:19, "do coração saem os maus pensamentos, os homicídios, os adultérios, a imoralidade sexual, os roubos, os falsos testemunhos e as calúnias". As ações procedem da intenção do coração, e Deus

PARA REFLETIR E ESTUDAR

trata de preservar a família como a criou. Ele, portanto, recebe a glória (Efésios 3:14-21).

O Novo Testamento inclui narrativas históricas e epístolas que incluem instruções sobre o que a família deve ser de acordo com Deus. Paulo falou com eles quando disse: "Filhos, obedeçam a seus pais no Senhor, pois isso é justo" (Efésios 6:1) e "Filhos, obedeçam a seus pais em tudo, pois isso agrada ao Senhor" (Colossenses 3:20).

Deus usa as famílias ao longo da história para cumprir Sua vontade. A promessa que Deus fez a Abraão, em Gênesis 15:5, envolve família: "Olhe para o céu e conte as estrelas, se é que pode contá-las". E prosseguiu: "Assim será a sua descendência".

Um desdobramento posterior da Aliança Abraâmica revela mais detalhes quando Deus diz a Abraão que Ele o fez "pai de uma multidão de nações... Eu farei de você nações, e reis virão de ti". Deus estabeleceu Sua aliança eterna com Abraão e sua descendência (Gênesis 17:4-7). Então, assim começou uma família grande demais para ser contada. E dentro da família de Abraão, surgiram ramificações. O mais significativo é a progressão das famílias que levou ao nascimento de Jesus Cristo, Salvador do mundo.

Podemos, então, traçar Sua genealogia em Mateus 1:1-17 (um possível traço do lado da família de José) e Lucas 3:23-38 (um possível traço do lado da família de Maria). Não é um aparte insignificante que Deus usou todos os tipos de pessoas, incluindo uma mulher moabita (Rute 4:18-22), uma prostituta (Raabe em Josué 6:23-25 e Mateus 1:5) e uma adúltera (Bate-Seba em 2 Samuel 12:24). O ponto é que Deus não mostra parcialidade, e Ele usará famílias para Seus propósitos em Seu tempo perfeito (Isaías 55:8; Atos 10:34; Romanos 2:11; Gálatas 4:4).

> **Porque Deus criou a família, Ele está intimamente envolvido com cada uma.**

PARA REFLETIR E ESTUDAR

Nossa família é apenas biológica? Felizmente, não. Como cristãos, ganhamos uma vida familiar dupla quando aceitamos Jesus como nosso Senhor e Salvador.

Em certo sentido, temos famílias biológicas (aquelas que nos pertencem da maneira que Deus planejou), por exemplo, mãe, pai e irmãos. Em um segundo sentido, como pessoas pertencentes a Jesus, fomos adotados na família de Deus (Romanos 8:16-17). Os cristãos que foram adotados por outras famílias aqui na Terra fazem parte de uma família tríplice (biológica, adotiva e família de Deus).

Podemos considerar a família como um modelo para quem nós (como crentes) somos como filhos de Deus. Cada cristão é um filho de Deus (Romanos 8:16; 1 João 3:1). E, de acordo com o desígnio Dele, cada um de nós tem pai, mãe e irmãos (geralmente). Cada parte da família biológica de uma pessoa deve agir como Deus ordenou em Sua palavra. E cada cônjuge deve ser um com o outro (Mateus 19:5) assim como somos um em Cristo (Gálatas 3:28).

Quanto às três possibilidades, apenas uma durará para sempre, e essa é a família de Deus. Devemos realmente amar nossa família biológica, mas passaremos a eternidade adorando ao Senhor com nossa família da igreja (que pode de fato incluir membros de nossas famílias biológicas).

Jesus disse em Mateus 10:37: "Quem ama seu pai ou sua mãe mais do que a mim não é digno de mim; quem ama seu filho ou sua filha mais do que a mim não é digno de mim".

O PODER DA FAMÍLIA

Versículos bíblicos sobre família

A Bíblia tem muito a dizer sobre família, e nós recomendamos uma visita a essas passagens:

Vemos a demonstração de uma boa família em:

- Abraão – Gênesis 18:19: Abraão deveria ensinar seus filhos a fazer justiça e retidão;
- Jacó – Gênesis 35:2: Jacó ordenou que sua família expurgasse deuses estrangeiros e honrasse somente a Deus;
- Josué – Josué 24:15: Josué escolheu que toda a sua casa seguisse o Senhor;
- Davi – 2 Samuel 6:20: Davi abençoou sua casa (família);
- Jó – Jó 1:5: Jó orou por seus filhos para que não pecassem;
- Cornélio – Atos 10:2-33: Cornélio era um homem devoto que temia a Deus junto com toda a sua casa (família);
- Lídia – Atos 16:15: Lídia era uma crente hospitaleira cuja família inteira conhecia Jesus como Salvador;
- Lóide e Eunice – 2 Timóteo 1:5: Lóide e Eunice viveram sua fé; assim, Timóteo aprendeu através deles.

Vemos comandos para a família em:

- Deuteronômio 4:9-10: ensine bem seus filhos;
- Provérbios 31:27: uma esposa piedosa atende às necessidades de sua família;
- Salmos 133:1: uma família unida é uma coisa boa;

PARA REFLETIR E ESTUDAR

- Mateus 18:21-22: Jesus exige que as famílias perdoem umas às outras;
- Deuteronômio 14:26: alegrem-se juntos na provisão do Senhor;
- Deuteronômio 29:18: desconfie de qualquer um que fomente um afastamento do Senhor.

Qual é o propósito de Deus para a família?

O Senhor detalhou Sua razão para uma família em Gênesis 1:28, quando disse: "Sejam férteis e multipliquem-se! Encham e subjuguem a terra! Dominem sobre os peixes do mar, sobre as aves do céu e sobre todos os animais que se movem pela terra".

As famílias devem encher a terra, assim como Deus disse que aconteceria com a família de Abraão. E Deus usa cada um que nasce para continuar esse processo por meio das famílias. No final, porém, o propósito de cada membro da família é "temer a Deus e guardar os seus mandamentos" (Eclesiastes 12:13).

O propósito final de Deus para nós é trazer a Ele, à glória que Ele merece com tanta justiça. Devemos buscar Seu reino primeiro como indivíduos e ensinar nossa família a fazer o mesmo. Devemos, como famílias, crescer em Cristo e ser testemunhas para o mundo. Um cordão de três fios não se rompe facilmente. Estamos, portanto, unidos em Cristo para adorá-Lo e cumprir Sua vontade.

Sim, todos nós nascemos em uma família. No entanto, o que importa, no final, é ter nascido de novo na família de Deus (João 3:3).

Texto de Lisa Loraine Baker

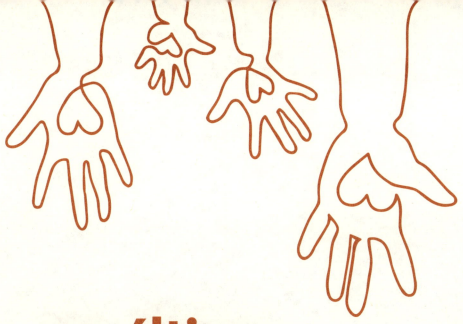

um último convite

Não há dúvida de que você foi impactado pela leitura. Agora, chegou a hora de dar outro passo importante para que sua vida seja transformada.

Decisões certas mudam destinos.

Por isso, o nosso convite é para que você se junte a nós – se possível, presencialmente – no próximo evento "O poder da família".

Para mais informações, acesse o QR Code a seguir.

https://opoderdafamilia.com.br/

Este livro foi impresso
pela Edições Loyola em
papel pólen bold 70 g/m²
em janeiro de 2024.